QUANDO O AMOR ACONTECE

Rosângela Alvarenga

Quando o amor acontece

1ª Edição
POD

KBR
Petrópolis
2013

Coordenação Editorial **Noga Sklar**
Edição e revisão de texto **Flavia Peixoto Salvatore**
Editoração: **KBR**
Capa **KBR s/ Arquivo Google**

ISBN: 978-85-8180-169-8

KBR Editora Digital Ltda.
www.kbrdigital.com.br
www.facebook.com/kbrdigital
atendimento@kbrdigital.com.br
55|24|2222.3491

LCO010000 - Crônicas

Rosangela Alvarenga é carioca, psicanalista e astróloga. Formou-se em Medicina na UFRJ em 1981. Frequentou o Colégio Freudiano do Rio de Janeiro e teve por 4 anos a supervisão do Dr. Eduardo Mascarenhas. De 1984 a 2010 foi titular da coluna de Astrologia do jornal *O Globo*. Atua como psicanalista e astróloga em sua clínica particular no Rio de Janeiro, dá aulas de Astrologia e publica horóscopos em seu site. É colunista do Crônicas da KBR.

E-mail: ro.alvarenga@globo.com

Sumário

O SIGNO ASTRAL DOS ESCRITORES APARECE NA SUA VIDA E NA SUA OBRA?[1]

25/07/2011

Tudo começou com o Drummond, e a surpresa causada pela publicação dos seus poemas eróticos. Para alguns, pareceu que a figura tímida e sóbria do poeta não combinava com o assunto. Ah, mas ele é de Escorpião, comentou alguém.

Escorpião, o misterioso signo ligado ao sexo, às paixões e à morte... É claro que o signo de Escorpião não é só isso, nem as pessoas são a encarnação radical do seu próprio signo. Mas gostei de procurar na obra de alguns de seus autores, a pedido da Editora Record, traços do signo de cada um, a forma peculiar como cada um pode expressar um caráter seu.

No caso de Drummond, por exemplo, além do erotismo que puxou o assunto, há outra marca muito forte desse signo: a reserva. E ainda encontramos um pouco de crueza e ironia misturadas ao lirismo, o que nos faz pensar em alguém que bem conhece as partes mais obscuras da própria alma e também da dos outros: coisas que Escorpião aprende nos muitos mergulhos em seu inferno particular. E tão profundo foi o nosso poeta, que Affonso Romano de Sant'ana — este, de Áries — revela, em *Drummond: o gauche no tempo*:

> (...) ressalto que este trabalho, mais do que uma obrigação acadêmica, transformou-se numa autêntica aventura do espírito...

---

1 Texto escrito para o jornal comemorativo dos 50 anos da Editora Record, que acabara de publicar meu livro *Iniciação à Astrologia*.

decifrar o seu enigma, em certo momento, identificou-se com o decifrar o enigma de todo homem, e o meu próprio.

Maravilha, para um ariano, embrenhar-se numa aventura de tal monta! Em princípio, Affonso Romano não se parece muito ao ariano típico, aquele aventureiro audaz, destemido, independente e autossuficiente, como o homem de Marlboro acendendo seu cigarrinho numa selva cercado de perigos. Mas, como vimos, aventura é o que não lhe falta, e mesmo num trabalho acadêmico dá para notar um jeito muito sincero, direto e objetivo de dizer e pensar as coisas — como faria o homem de Marlboro. A favor do seu signo, há ainda o pioneirismo, presente na sua vida em numerosas ocasiões.

Touro. Signo da terra, da abundância, da riqueza, dos prazeres sensuais, da estabilidade que permite o crescimento e a prosperidade, da arte. O taurino Haroldo Costa, artista, jornalista, escritor e carnavalesco autêntico, parece bastante fiel ao seu signo. Aliás, fidelidade é uma das mais importantes características de Touro. Haroldo Costa, contando a história do Grêmio Recreativo Escola de Samba Acadêmicos do Salgueiro (em seu livro *Salgueiro: Academia de Samba*) dá a impressão de um amante falando da sua amada — a única. Seu amor é doce, dedicado e fiel, até que a morte os separe. Bem taurino.

Dalton Trevisan deixa transparecer algumas geminianices no seu livro *O Vampiro de Curitiba*. Gêmeos é um signo associado à comunicação, à fala, à escrita, à curiosidade. É o interesse intelectual aplicado à esfera do comum da vida, o dia a dia, às informações que não estão nos tratados, mas que correm rapidamente de boca em boca, todos os dias. Ninguém faz aula de corte e costura para aprender a pregar um botão. É importante saber que a família do vizinho também briga, como a nossa. Saber das doenças dos outros, da morte. Dos casos amorosos, da sorte e do azar. Dá uma dimensão mais real da nossa humanidade. Se na nossa imaginação habitam vampiros estrangeiros, longínquos, um geminiano fala de um vampiro de Curitiba. Bem mais perto.

Geminiano gosta de brincar. Daí, sob títulos instigantes, como *Último aviso* e *Contos dos bosques de Curitiba*, desenrolam-se histórias impregnadas do que a gente já viveu, viu ou ouviu falar na nossa vida cotidiana, contadas com muita graça, humor e ironia.

Ler Zélia Gattai é uma delícia. Muito cancerianamente, em *Chão de Meninos* ela vai contando suas histórias e permitindo ao leitor uma intimidade tal que o transporta para dentro do livro, da sua casa, da sua vida. Câncer é o signo do aconchego, do ninho, do lar, da base provedora e eventualmente restauradora a que recorremos, para poder enfrentar as batalhas do mundo. O livro de Zélia é exatamente assim, talvez como ela mesma.

No caso de Jorge Amado, seu signo já dá uma bandeira e se deixa ver, um pouquinho, no próprio nome: Amado. Leão é o signo do amor. Diferente de gostar, diferente de tesão, diferente de paixão. Amor. Falando de si mesmo em *Navegação de Cabotagem*, o autor revela: "Nasci empelicado, a vida foi pródiga para comigo, deu-me mais do que pedi e mereci". A vida nos retribui na medida do que damos de nós mesmos. Quem muito ama, recebe o mesmo de volta. É Amado.

O leonino de bem com a vida é um pouco como o Sol. Brilha naturalmente e extravasa generosamente o que tem de melhor. Leão ama os sentimentos nobres e rejeita séria e profundamente tudo o que é oriundo da mesquinharia humana. Aí, ele fica muito zangado. Essa zanga aparece num episódio do livro em que o autor fala da morte de Glauber Rocha, a quem muito amava: "(...) eu, Zélia e João Ubaldo derrotados, os únicos a amá-lo deveras em meio àquela multidão que lhe enchia o quarto de fumaça e ilusão". E mais tarde: "Entupindo o quarto, a récua dos aproveitadores a conversar, a fumar, a cheirar, a corvejar, o desamor". A convivência é pacífica entre amor, generosidade e severidade e indignação, no signo de Leão.

De Virgem é Dom Lucas Moreira Neves. O sacerdócio soa bem com esse signo, afim com o servir, a pureza, a mão na massa, o trabalho "sujo", "pesado" ou "subalterno"... Não conhecia a sua obra nem pude me aprofundar em seu livro, *Pôr-do-sol em Reritiba*. Mas pelos títulos de outras obras suas, desconfio que o Arcebispo de São Salvador da Bahia e Primaz do Brasil é deveras um sacerdote nos moldes virginianos: *Sacerdote a serviço da família*, *Vigilante desde a Aurora*, *Restaurar a família em Cristo* etc.

O signo de Libra representa a metade da maçã, sempre em busca da outra metade; do outro na metade, para enfim se sentir completo e inteiro. Equilibrado. Nas palavras do editor de *O Guia da Floresta*, de Alex Polari de Alverga, libriano, esse é um livro sobre o encontro. Aqui, trata-se do encontrar a si mesmo, encontro esse mediado por um mestre espiritual (da Doutrina do Santo Daime, nesse caso), e propiciado pela colaboração de uma comunidade unida pelo mesmo propósito espiritual: encontro, união, colaboração, cooperação, são palavras-chave do signo de Libra. Terá sido coincidência que o primeiro romance de outro libriano famoso, Fernando Sabino, se chame *O Encontro Marcado*?

De Escorpião, já falamos.

Na apresentação que Jô Soares escreveu para o livro *Pedaços De Mim*, da sagitariana Leila Cordeiro, já podemos antever as marcas do signo do centauro apontando sua flecha para o alto, tentando abrir novas picadas para além do horizonte conhecido. Sagitário é o signo dos viajantes, dos que buscam em outros lugares, físicos ou não, novos conceitos e novas perspectivas para nortear a própria vida com mais liberdade e sabedoria. Isso requer uma disposição aberta, confiante, e às vezes até um pouco ingênua, como é comum nos sagitarianos. A respeito de Leila e seus pedaços, Jô declara: "Gostei também do jeito solto e verdadeiro com que você nos mostra seus anseios e inquietações; e, mais ainda, da coragem de abrir baús antigos e botar para fora recordações e sentimentos que nos seguem e perseguem através dos tempos."

Ah, é verdade. Sagitário é um signo muito inquieto. É aquele que tem o bicho-carpinteiro. Num novo horizonte, o da poesia, Leila se lança com toda a sinceridade e integridade que são peculiares ao seu signo.

O signo de Capricórnio me trouxe uma grata surpresa: Rubem Braga. Rolei de rir com *As boas coisas da Vida*, de sua autoria. Mas Capricórnio não é um signo sisudo, que trata dos deveres, das regras, das limitações da economia, dos contornos rígidos da dura realidade? Sem dúvida. Mas não é por causa disso que se deixa de rir. A tristeza vem é quando a gente não se conforma com a existência dessas coisas, que parecem atrapalhar a nossa vida. Porém, capricorniano é justamente aquele que já as compreendeu desde cedo, e pode até tirar partido delas, de tão íntimo. Numa das crônicas, chamada

"Aproveite sua paixão", o Capricórnio aparece nítido. É a história de um amigo que, já em idade bem madura, está perdidamente apaixonado, num caso sem esperança. *Tenho a impressão de que não passará nunca, geme o amigo. Passa sim, meu irmão; acaba passando, retruca Rubem.* Não vou reproduzir toda a história, mas o aconselhamento, bem capricorniano, segue até o ponto em que, seguindo seus conselhos, o amigo poderá, em dois meses e meio, perder de oito a dez quilos e cerca de 45% da sua paixão atual. Eficiente e a favor da economia.

O poeta Lêdo Ivo me desconcertou. Também pudera — é aquariano. Signo mesmo do excêntrico, do inesperado, da independência, da originalidade, do respeito às peculiaridades; da democracia — contra o egoísmo e a egolatria — signo do Ideal e da Síntese. Há um poema em *Mar Oceano*, de Lêdo Ivo, que ilustra bem essa capacidade de síntese do aquariano. Chama-se "A mancha irreparável" e diz, somente: *Teu púbis: a ovelha negra/ no branco de teu corpo.* Numa outra, brinca com o Eu: *Eu, eu, eu.../ Tu, pronome indigno/ Não és nada/ apenas ventania/ No topo da escada.* Aquário odeia a linearidade, salta, brinca com os significados, tira tudo do lugar, mas, surpreendentemente, no fim tudo faz sentido. Um sentido novo, recém-nascido, é claro.

Ao contrário de Aquário, que busca a peculiaridade, a essência no meio do Todo pasteurizado, Peixes busca no Todo, ou para além dele, uma unidade capaz de abranger tudo o que nele há.

Um pisciano sabe que cada parte do Universo é o mesmo Universo, só que em outra dimensão. Gilberto Freyre, pisciano, em seu *Sobrados e Mucambos* parece conhecer TUDO a respeito do assunto em questão. Parece que ele incorporou em si a época e o lugar a que se refere, de tal forma, que pode falar de TODOS os detalhes da paisagem social do Brasil patriarcal durante o século XVII e a metade do século XIX. Fala com tanta liberdade e intimidade que o assunto parece extravasar-se do espaço e tempo por ele delimitados para atingir a universalidade. O signo de Peixes é bem assim: dissolve as barreiras que a tudo separam, desfaz o isolamento, para que possamos compreender o Todo em qualquer uma das suas partes. Num pedaço de História ou em nós mesmos.

O 13º SIGNO E A MORTE DA ASTROLOGIA

04/08/2011

De vez em quando, levanta-se uma voz em alguma mídia afirmando categoricamente que existe um 13º signo e que, portanto, a Astrologia está toda errada.

O correto seria que leigos e astrônomos que não conhecem a Astrologia se abstivessem de fazer declarações assim definitivas sobre um assunto que não conhecem, como há séculos sugeriu Sir Isaac Newton.

De Astronomia não conheço mais do que aprendi na escola, em várias enciclopédias, alguns livros de Astrologia, revistas, jornais e filmes. Logo, sou completamente *leiga* em Astronomia.

Ser leigo, entretanto, não é pecado, desde que o leigo trate de respeitar os limites de sua ignorância. Por isso, realizei uma modestíssima pesquisa astronômica, apenas para tentar esclarecer aos leigos em Astrologia a diferença entre signo e constelação, e porque dez ou mil constelações aparecendo no Zodíaco não destroem o saber astrológico.

Procurei saber o que é constelação. Encontrei, no dicionário Aurélio: "uma das 88 regiões convencionais da esfera celeste estabelecida pela União Astronômica Internacional."

Num dos livros do astrônomo Ronaldo Rogério de Freitas Mourão, fico sabendo que "as constelações foram estabelecidas nos primórdios da Astronomia com o objetivo de constituir um processo fácil de localização dos astros na abóbada celeste, e desse modo facilitar a sua localização". Ele nos conta que os métodos de delimitação para as constelações eram deveras arbitrários, e eventualmente obedeciam até a critérios artísticos dos que desenhavam as cartas celestes. A partir de 1928, finalmente, a União Astronômica Internacional delimitou regiões no céu obedecendo a critérios científicos mais modernos, que ficaram sendo as atuais constelações.

Esse livro a que me refiro é de 1982, e nele o astrônomo já se refere a 13, e não 12 constelações zodiacais. (A faixa zodiacal é a parte do céu onde o Sol, a Lua e os planetas parecem se movimentar, observados da Terra. As constelações zodiacais são aquelas 12 ou 13 entre as 88 que se situam na faixa zodiacal.)

Mais tarde, Mourão comenta que, a despeito dessa delineação das constelações, emprega-se até hoje a divisão da trajetória aparente do Sol em 12 partes iguais, de 30° cada, a partir do equinócio de primavera (no hemisfério norte). E que essas 12 partes são denominadas *signos zodiacais*. Ele nos lembra que quando os signos foram instituídos, cada um continha a constelação de mesmo nome, o que já não ocorre mais por causa de um fenômeno chamado Precessão dos Equinócios. E continua dizendo que a sequência dos signos zodiacais não apresenta nenhum interesse astronômico atualmente, já que nada mais é do que a divisão mais elaborada do ano em estações, na qual cada uma é dividida em 3 partes de mesma duração, ou seja, um mês aproximadamente.

Aí está: os signos não são as constelações! E assim como os signos não são importantes para os astrônomos, as estrelas e constelações, por si sós, não apresentam interesse para a Astrologia. Para esta ciência os *signos* é que são importantes, já que se trata justamente do estudo dos ciclos, suas características, sua natureza e a interação entre ciclos diferentes.

Para nós, astrólogos, ciclo é tudo o que tem começo, meio e fim, e depois se repete, recomeça mantendo a mesma estrutura, mas num tempo e circunstância diferentes. Como as estações do ano, por exemplo, que não por acidente é por onde a Astrologia começa. Então, considerando como referência o ciclo do Sol (as estações), estabelecendo como seu início o equinócio de primavera, (hemisfério norte) e dividindo-o em 12 partes iguais, o 1º setor, isto é, o 1º signo, vai evocar *sempre* as características de COMEÇO, quaisquer que sejam as estrelas que ocupem esse lugar no céu.

A essa região chamaremos sempre Áries, porque esta era a constelação que lá se encontrava quando foram instituídos os signos. Compreendo que para os astrônomos fique meio desconfortável dar a um setor no céu o nome de uma constelação que não se encontra mais lá. É uma questão para eles resolverem. Quanto a nós, astrólogos, ainda nos sentimos bem com essa nomenclatura. Mas nada impede que, num futuro, também pretendamos mudar os nomes dos signos, trocar por outros talvez mais expressivos nos tempos atuais do que os originais. De qualquer forma, o 1º signo estará sempre relacionado com o que represente COMEÇO, assim como o último sempre evocará DISSOLUÇÃO.

Mas por que o ciclo do Sol? Por que 12 partes iguais? Por que o equinócio? Estas já são questões da própria Astrologia, e as informações sobre elas estão disponíveis em inúmeros livros e cursos, para quem estiver interessado. A Astrologia não pretende fazer adeptos, pois não é uma seita. Qualquer pessoa pode adquirir esse conhecimento pelas vias normais, ou seja, estudando.

É claro que, por ser uma ciência ainda não oficial, a Astrologia é um campo fértil para a ocorrência do fenômeno da livre-ignorância, que a vem denegrindo há séculos. Mas isso não se dá só com a Astrologia. Acontece com qualquer pessoa ou grupo que faz considerações determinantes acerca de um assunto sobre o qual seu conhecimento é nulo, ou quase.

A SEDUÇÃO DO HORÓSCOPO DE JORNAL

20/08/2011

O primeiro contato que tive com um horóscopo de jornal foi quando eu ainda era criança. Então, era comum o horóscopo ser colocado na página de passatempos e variedades. Eu não lhe dava atenção. Fazia palavras cruzadas, lia tirinhas de humor e o que mais de lúdico houvesse. Um dia, porém, reparei na tira diferente porque estava muito perto de outra, com historinhas que eu acompanhava: "Os amores célebres" e "Os criminosos selam seu destino", ambas sobre histórias verídicas, isto é, cruéis e sanguinárias.

Percebi que nela as pessoas eram divididas por signos, com desenhos, dependendo da sua data de nascimento. Tive certeza de que o meu era Leão, ou, no mínimo, Escorpião. Mas eu era um carneirinho: Áries. Não me conformei. Fui estudar Astrologia.

Estudei, estudei, estudei, e me tornei Astróloga. Naquele tempo, calculavam-se os mapas astrológicos à mão — cálculos fáceis, mas chatíssimos e longuíssimos, e eu ainda desenhava o mapa a lápis, caneta e transferidor...

É claro que muitos dos cálculos feitos hoje eram deixados de lado, porque não dava tempo para calcular tudo e interpretar minúcias. Hoje, computador e softwares levam segundos para mostrar o Mapa pronto.

Fui chamada para escrever os ditos horóscopos no *Última Hora* através da sugestão de um amigo, que ia escrever uma coluna no mesmo jornal. Lá fui. Tudo combinado. Acredite quem quiser: o primeiro que entreguei foi manuscrito, para o espanto do editor! O ano era 1983. Depois, fui chamada pelo jornal *O Globo,* onde produzi horóscopos ininterruptamente até 2010.

Nestes mais de 20 anos, o horóscopo de jornal foi a ovelha negra da Astrologia. Os astrólogos se posicionavam como se nada tivessem a ver com essas pseudoprevisões.

Fui entrevistada algumas vezes para explicar como fazia o tal horóscopo diário. Expliquei sempre mais ou menos assim:

"Vamos combinar que nenhuma pessoa com um só neurônio poderia considerar que um horóscopo de jornal é uma PREVISÃO DIÁRIA PARA TODAS as pessoas daquele signo. Tem gente do mesmo signo no mundo inteiro; uns nascendo, outros morrendo, uns casando, outros levando um fora, alguns fracassando, outros realizando um sonho. Quem escreve sabe disso, e os leitores também. O meu se propõe a ser uma reflexão conjunta sobre algumas dentre as várias situações comuns da vida, e minha referência para a escolha de uma delas é o Mapa Astral de cada dia, simplesmente porque sou Astróloga. É uma parte do jornal que fala especialmente com o leitor, sobre suas questões do quotidiano, as inquietações que o acometem no seu dia a dia; é emocional, diário. Tudo que eu aprendo no decorrer dos anos vou passando para os meus leitores, que amo de paixão. Então, não é para enganar ninguém, não é por dinheiro, é por amor. Simplesmente ADORO fazer esse trabalho. Adoro poder passar adiante, num espaço exíguo de mídia, tudo o que já aprendi e continuo aprendendo sobre como lidar com as agruras e alegrias da vida."

E o retorno dos leitores é tão compensador, tão agradecido, tão íntimo... Afinal, estamos juntos todos os dias!

Um ótimo fim de semana para todos nós!

Sob o céu da Babilônia[2]

27/08/2011

Em algum momento da história, o ser humano passou a ser humano, isto é, de repente, de alguma forma mágica, deu-se conta de si mesmo e do mundo que o cercava.

"Estou nu!", exclamou Adão no Paraíso, expressando a sua perplexidade. Nada mais seria como antes. Adão até se arrependeu e tentou voltar atrás, cobrindo o seu sexo com uma folha de parreira... Que bandeira! Enfim, sabemos o resto da história: viu e estava visto. Não tinha mais jeito.

Agora, restava entender. Não foi tão fácil assim. Não havia palavras que pudessem aliviar a angústia do ser humano primitivo. Hoje, é muito fácil olhar para o céu e dizer: "Céu." Mas imaginem a loucura que deve ter sido contemplar um mundo sem nomes! É como contemplar o próprio caos!

Havia, então, apenas Eu — que estava nu — e um montão de não-Eus. Ai, que medo! A primeira noite notada, observada pelo recém-nascido Eu, deve ter parecido de trevas sem fim... O inferno, se fosse possível imaginar tal coisa. O Eu continuava atento, tremendo. De repente, no meio da escuridão, surgem pálidas promessas de luz, em algum lugar, ali... O dia. Luz à beça, permitindo ver as formas e as cores de tudo.

Sem memória, o Eu achou que estava no que seria o Paraíso. Mas, novamente, a luz esmorece, oh, não, esmorece mais, vai escure-

---

2 Texto publicado originalmente em *Introdução à Astrologia*. ALVARENGA, R. Petrópolis: KBR, 2012.

cer... escureceu. Agora, já há memória: trevas, o nosso Eu já conhecia. E assim ele foi observando. Trevas, luz, trevas, luz.

Passou-se muito tempo. Eras, talvez. Então o nosso Eu concluiu (sem palavras, é claro): depois do escuro, vem o claro. E depois, novamente o escuro. E assim por diante.

Dá para notar quão longo foi o caminho do ser humano para tentar entender o mundo em que habita. Até hoje estamos tentando. Estudos recentes sugerem que o homem primitivo buscou nos céus a explicação para os fenômenos naturais com os quais tinha que lidar incessantemente: dia, noite, trovões, tempestades, ventos, calor, frio, secas, enchentes etc. Tentava, provavelmente, encontrar algo que se repetisse, para ter uma referência, alguma regularidade no meio do aparente caos. Corroborando esta teoria, foram encontradas inscrições ósseas do período glacial que sugerem que há 32.000 anos os homens já tinham consciência da periodicidade lunar (fases da Lua).

Além disso, existem cartas estelares egípcias datadas de 4200 a.C.

Supõe-se que a Astrologia tenha tido sua origem na Suméria, por volta de 3000 a.C. A palavra Astrologia tem origem grega. É formada a partir de *aster*, astro, e logos, discurso, relato, razão, definição, faculdade racional, proporção. Uma forma arcaica grega de astro teria o significado de fado, destino.

As concepções originais da Astrologia foram criadas pelos sumerianos, provavelmente na cidade de Ur, fundada no 4º milênio a.C. por um povo do norte da Mesopotâmia.

Os sumérios tinham grande interesse na observação do céu. Este parecia uma grande abóbada de veludo negro onde as estrelas estavam fixas como enfeites de brilhantes. Notaram que, além do Sol e da Lua, cinco estrelas apresentavam um movimento mais rápido do que as outras: eram os planetas Mercúrio, Vênus, Marte, Júpiter e Saturno. Esses sete corpos recebiam atenção especial. Os sumérios analisavam suas posições no céu e acreditavam que a disposição dos planetas era obra dos deuses, para benefício da humanidade.

Mais tarde, foram os caldeus que introduziram a Astrologia como é hoje conhecida. As estrelas foram agrupadas em constelações, para servirem como marcadores do movimento dos planetas. O Zodíaco, ou Caminho de Anu, era a rota seguida no céu pelo Sol, Lua e planetas, sempre pela mesma massa de estrelas — as constelações zodiacais. A divisão do Zodíaco em doze partes talvez tenha vindo da divisão em doze partes de duas horas cada uma do dia dos caldeus.

A Astrologia permaneceu séculos sem muitas alterações nas suas premissas básicas. Na passagem da Idade Média para a Idade Moderna, ocorreu o que se convencionou chamar de Revolução Científica. Nesse ponto, o homem se descobre construtor do próprio mundo, e a visão medieval de um mundo controlado por deuses cai por terra.

Mais tarde, com a descoberta de que era o Sol e não a Terra o centro em volta do qual transitavam os corpos celestes, Astrologia e Astronomia iniciaram inevitável separação. Com o crescente interesse pelo método científico de investigação, que é indutivo e dedutivo, a Astrologia começou a sofrer um declínio de prestígio. Suas premissas não são passíveis de verificação pelos métodos científicos. Não podem ser reproduzidas em laboratórios.

Por muito tempo, a Astrologia recebeu o estigma de "não--científica", um saber com raízes no passado místico e supersticioso do homem. Enquanto a ciência oficial desvendava cada vez mais os mistérios do Universo físico, a Astrologia insistia em "interpretar" os acontecimentos celestes mais ou menos dentro dos mesmos moldes de um passado remoto. Nem mesmo a descoberta de ser o Sol e não a Terra o centro do sistema abalou as interpretações dos astrólogos.

Paradoxalmente, embora muito antigas, as premissas astrológicas ainda não podem ser comprovadas cientificamente, pois só recentemente, de umas duas ou três décadas para cá, é que alguns cientistas voltaram sua atenção para a observação dos fascinantes padrões de comportamento rítmico e cíclico demonstrado pelos homens, pelos animais e por toda a natureza. E é justamente neste caráter cíclico da existência que estão fundamentadas as bases do saber astrológico. Desde o começo.

SINAIS NOS CÉUS

03/09/2011

A Astrologia é considerada por muitos historiadores a primeira ciência conhecida pelo homem. O ser humano primitivo, ainda sem uma palavra sequer que pudesse ajudá-lo, buscou nos céus a explicação para os fenômenos naturais com os quais tinha que lidar incessantemente: dia, noite, trovões, tempestades, ventos, calor, frio, secas, enchentes etc. Tentava, provavelmente, encontrar algo que se repetisse, para ter uma referência, alguma regularidade no meio do aparente caos.

Além dos primeiros ciclos dos quais a Astrologia se deu conta — dia e noite, estações do ano, fases da Lua etc. —, agora conhecemos os ciclos cerebrais, hormonais, de atividade cardíaca, de sono e vigília etc. Foram descobertos padrões de fadiga e restabelecimento; tensão nervosa e relaxamento; de ações hormonais e glandulares. Num outro nível, sociólogos, economistas, antropólogos e ecologistas detectaram em grandes grupos e sociedades outros ciclos cuja periodicidade pode variar de segundos a décadas, ou mais.

Parece haver "relógios" ocultos que regulam esses ciclos, e também, às vezes, uma interação de uns com os outros. Existem órgãos especializados no estudos de ciclos, como o Cycles Research Institute e o Foundation For The Study Of Cycles para estabelecer padrões de estatística de vários tipos. Estes estudos às vezes chegam a resultados surpreendentes, a ponto de o presidente de uma destas fundações ter declarado que a humanidade parece estar sujeita a forças imensas, talvez cósmicas, que determinam a sua ação; que estas forças parecem determinar prosperidade e depressão, altos e baixos, não somente na produção agrícola, mas também mineral e industrial. Controlam os índices de juros e até o preço das ações!

Está ficando cada vez mais claro que todas as coisas estão de certo modo unidas ou relacionadas, e que estudar um fenômeno isolado, em condições não naturais, vai expressar apenas parcialmente esse fenômeno. A tendência mais atual do pensamento humano é considerar o Universo como um todo, com suas partes em constante interação: qualquer evento repercute sobre todas as partes com mais ou menos intensidade.

Assim, já não fica tão difícil considerar que eventos celestes possam entrar em *ressonância* com as questões aqui do nosso mundinho...

A natureza intrínseca dos ciclos é expressa com precisão e poesia no *I Ching*, livro que contém grande parte da mais antiga sabedoria chinesa: não é porque o homem estava nos primórdios do seu desenvolvimento que lhe faltava inteligência ou perspicácia.

Assim, os primeiros astrólogos tomaram como referência o ciclo aparente do Sol em torno da Terra. Aparente, mas mensurável, na época. O ponto de partida ficou sendo o famoso Ponto Equinocial, que inaugura a primavera no hemisfério norte e o outono no hemisfério sul; e dividiram, inicialmente, este ciclo em quatro partes (as 4 estações): início, apogeu, declínio e dissolução. Depois, cada parte foi dividida em três, seguindo a transição de uma fase para outra. Assim, o Zodíaco ficou dividido em doze partes, que são os signos. Os signos são, pois, a divisão desse ciclo em doze partes iguais. E cada setor do ciclo, ou seja, cada signo, expressa em tudo o que nasce ou se inicia no seu período características relativas à sua posição no ciclo, tais como início, apogeu, maturidade, estabilidade, declínio e fim, por exemplo.

Nesta estrutura básica, símbolos, mitologias, estudos esotéricos e novos conhecimentos vêm colorir, enriquecer e embelezar a interpretação: eis aí, à luz das mais modernas tecnologias, a beleza perene da Astrologia.

Cansou?

10/09/2011

Moro numa metrópole. Vejo as pessoas na rua, ansiosas, apressadas (me incluo nesse conjunto), correndo desesperadamente atrás de alguma coisa. Neste mundo globalizado em que vivemos, ofertas de todo tipo de produto são esfregadas, todos os dias e várias vezes, na nossa cara. Parece que precisamos mesmo correr, senão não seremos gente de respeito, seremos gentinha — que tem que comprar o mais barato, enfrentar as maiores filas, esperar meses pela consulta no médico, enfrentar os transportes, e, atualmente, remédios, muitos remédios, caríssimos! Para nos acalmar, mitigar a nossa dor da alma. Que atire a primeira pedra quem não sente essa dor. Agudamente, disfarçadamente, galhardamente, resignadamente ou qualquer outro que mente.

Não posso deixar de me referir ao início da crônica de Rosane Chonchol sobre a morte da psicanálise. Ela começa com a clássica questão de Freud, "o que quer uma mulher?" E, se entendi bem, termina concluindo que todos precisamos ser amados. Acrescento que queremos ser amados. Por isso, essa corrida toda.

Mas o que vem a ser este amor que tanto desejamos? Saiu de moda!

Depois de várias tentativas válidas, embora canhestras, de escaparmos ao domínio do patriarcado, quero dizer, dos valores masculinos que existem nos homens, mulheres — e outros sexos, deixo claro —, nós o fortalecemos. Ou seja, competição, disputa, racionalidade e o ápice, o principal elemento: a devoção imbatível ao pensamento. Ainda vige o "penso, logo existo".

A emoção ficou para depois, depois das conquistas mundanas. No sentido do bem-estar emocional, da calma no peito, estamos pior do que nossos antepassados recentes. Eles usavam a racionalidade, sim, claro, mas temperavam com um tal de bom senso que vinha justamente da atividade dos valores femininos, como, por exemplo, senso gregário, proteção da e na família, aconchego de mãe, carinho físico, conforto, descanso, paciência. E por que não dizer, fé no que não se vê. Até onde eu sei, toda mãe reza.

Outro dia vi um desenho animado em que de repente ocorre uma terrível situação de perigo. Um bichinho fofíssimo de olhos enormes, um pequeno lêmure, fica com medo e começa a chorar, aquele choro que dá dor nos tímpanos. Ninguém aguenta esse barulho. Os outros animais tentaram ponderar, pedir silêncio, mas o lemurezinho berrava cada vez mais alto. Até que um hipopótamo fêmea (?) se abaixou naturalmente e aconchegou o pequeno no colo. Deu uma balançadinha e o lindinho ficou em paz.

Foi aí que — clic! — percebi que o que faltava à racionalidade era apenas a companhia da emoção e seus outros parentes, como o sonho e a fantasia.

O disputar tem que andar de braço dado com o compartilhar. Pensar, sim, mas sempre bom senso. E enfrentar a vida, que é dura mesmo, com muito amor, carinho e abraços de verdade; deixar a magia da imaginação e da fantasia transformar a depressão em simples tristeza; a raiva, a frustração, a irritação, a inveja ou a impaciência em com-muita-paixão, lembrando o quanto se ama e se é amado. Ah, e não deixar jamais o pensamento sozinho...

NA SELVA

17/09/2011

No princípio, a selva era lá fora; lá longe, nas matas fechadas, nos lugares que chamamos ermos (de gente), longe da civilização, onde habitavam animais ferozes, peçonhentos e sanguinários. O bicho. Depois nos juntamos em grupos, construímos coisas extraordinárias, prédios, pontes, navios, aviões! Foguetes! Segundo alguns, conquistamos a lua, só por pisar lá! A lua mágica dos amantes, dos loucos, dos artistas; a rainha da noite.

Que maravilha nos protegermos e produzirmos mais qualidade de vida, conforto, a medicina! Antibióticos, cortisona, analgésicos, técnicas e mais técnicas cirúrgicas. Nada de animais puxando carroças; nos movemos em automóveis grandes, pequenos, bicicletas, *scooters*, coletivos — de luxo ou sem luxo —, como facilita a vida! Sem falar na comunicação! Da televisão (não esqueci o rádio, não) aos telefones celulares, tablets, iPods, internet! Uau!

Porém, na civilização a violência aumenta; é enorme, súbita, nas gentes e nas máquinas. Gente demais... Crianças não podem mais brincar sozinhas nas ruas... Cuidado quando parar num sinal... Segure bem a sua bolsa, viu?

Matamos animais para nossos caprichos de riqueza: casacos, finas iguarias, patê do fígado de gansos torturados, ovos de codornas também torturadas. Mas enfim, não vemos nada disso! Na TV e no cinema, nas colunas sociais, só atores e atrizes lindos; anúncios de coisas tão apetitosas na aparência; história de terrores que aconteceram com os outros, graças a Deus, coitados. Choramos, sentimos fundo, solidários. De repente, a violência e a barbárie chegam cada vez mais perto... meu vizinho... meu parente distante... minha filha querida... meu bebê.

Representantes do povo, da Pátria (pátria, lembra?) roubando a própria, descaradamente e acima do bem e do mal!!!! Impunes. Oh! O mundo está acabando, pela enésima vez! Toda civilização que dominou as demais morreu na ruína da perda, justamente, dos valores que defendiam, na degradação, na sarjeta, na sordidez. E já foram várias: o mundo não acaba por causa disso, está apenas mudando de ciclo. Porque queremos viver.

Na descida do ciclo, depois do auge, como agora, percebemos, comentamos, fazemos mesas redondas com as cabeças mais brilhantes para explicar, entender e concluir que a selva é aqui na civilização. Lá, no ermo, é a natureza, violenta e dura, mas que segue suas leis: são inocentes na inconsciência de seus instintos.

Mas nós não somos inocentes. Temos consciência. E aí é que perdemos o sossego e começamos a desconfiar que a selva é dentro de nós mesmos. Não quero cansá-lo, leitor, por ora: isso já é assunto para outra crônica!

Na selva 2

24/09/2011

Dizia eu, na semana passada, que no princípio a selva era lá fora; lá longe, nas matas fechadas, nos lugares ermos, longe da civilização. Lá onde habitavam animais ferozes, peçonhentos e sanguinários, astutos. Então nos juntamos em grupos, construímos coisas — cabanas, cumbucas, arado, armas — extraordinárias. Que maravilha nos protegermos, produzirmos conforto e mais qualidade de vida! Na civilização, porém, a violência aumenta; é enorme, súbita, nas gentes e nas máquinas. É gente demais...

Concluímos então, consternados, que a selva está aqui, na civilização. Lá no ermo é a natureza, violenta e dura, mas que segue suas leis, inocentes, na inconsciência de seus instintos. Mas nós não somos inocentes. Temos consciência. E aí é que perdemos o sossego e começamos a desconfiar de que a selva não é lá nem cá: é em cada ser humano.

Desde que nascemos, quando respiramos pela primeira vez e o ar vai abrindo os alvéolos pulmonares enquanto entramos neste mundo, somos puro estado de sobrevivência. Lutamos contra tudo e contra todos, não sabemos onde estamos! São desejos titânicos que nos movem. Se somos atendidos, bem, conforto, vida. Se não, lutamos. Berramos. Queremos tudo para já.

Esse nosso núcleo de sobrevivência cresce, aprende, usa todos os nossos recursos: racionalidade, bom senso, estratégias e tudo o mais que adquirimos no decorrer da vida; vira o que alguns chamam Ego.

O Prof. Hermógenes, professor de Yoga muito conhecido, assim se referiu a ele:

> A ignorância mais funesta é a que esconde de mim minha personalidade essencial, fazendo-me acreditar que sou tão somente um pequenino reivindicante ego rixento, ciumento, vaidoso e frágil; as coisas que me gratificam, eu prendo pelo apego. As outras que me incomodam, me desconfortam ou maltrato, tenho-lhes aversão. É o mesmo eu que faz de mim um egoísta, que me leva ao apego à existência ou a aversão à morte.

Acho que todos conhecemos esta figura. Não vou escolher um nome entre tantos pelos quais é mais ou menos conhecido.

E não pensem que ele é inútil, não! Nem mortal. É por causa dele que lutamos para acordar mais cedo, cumprir nossos compromissos, realizar nossos sonhos. Sem ele, a vida parava. Mas ele aparece na esquina, lindo, charmoso, a voz aveludada, e nos tenta: "Já experimentou isso ou aquilo? Ninguém vai ficar sabendo..."

Todo mundo faz isso... Dinheiro fácil, fácil. Sexo sem compromisso nem consequência! Pensamos que o outro é que está chamando? Não. Ele é que está respondendo a um chamado nosso...

Às 17 horas

09/10/2011

Agora são 17 horas. As trágicas 5 horas da tarde. A hora de fazer o quê? Ligar para a Terezinha? Ir à padaria, tomar banho? Fazer umas comprinhas ali no supermercado? Ou pura e simplesmente esperar passar o tempo, até às 6, talvez, dissimulando o não estar fazendo nada?

Me deitar um pouco vai dar uma culpa horrível. Que hora é essa, para mim sempre difícil? Não é à toa que os sábios ingleses inventaram o chá das cinco!

A que horas começar a acender as luzes? Quantas? Quais?

Para quem mora só, como eu, essa hora clama por uma disciplina, um ritual.

Não posso deixar de citar o Pessoa, meu íntimo, num trecho de uma ode não exatamente à Noite, mas à quando a Noite vem: "Vem, noite antiquíssima e idêntica/ ...Por esta hora que não sei como viver..."

Eu também não sei. Penso nos operários, que trabalham com horários fixos, para quem talvez essa hora seja libertadora, a salvação de deixar o trabalho e ir para casa, para um encontro oculto, eventual ou religiosamente tomar um chopinho no bar com os amigos antes de se recolher. Mas chopinho ou o que o valha, com o cotovelo encostado no balcão engordurado dos lugares próximos de onde se trabalha... dá mau humor e de dor de cabeça.

Não.

Nessa hora, em lugar do constrangimento, do entorpecimento forçado, a nobreza, a degustação: arruma-se a mesa com a melhor louça; pãezinhos e bolinhos em cestos cobertos por panos bordados, açúcares brilhando sobre uns biscoitinhos; guardanapos e o bule, o centro da elegância, chegando aromático, treinando nosso olfato, sem pressa, distraidamente, entre conversas amenas; rindo, até que a noite nos envolve e nos salva daquele hiato desconfortável de tempo que já se foi.

Há anos tento instituir este pequeno ritual salvador da minha perdição crepuscular. Eu chego lá.

No Admirável Mundo Novo: a Era de Aquário

22/10/2011

Há uma espécie de alegria, de sensação de vitória, neste admirável mundo novo[3] no qual estamos entrando. Estamos apenas começando uma fase de globalização e equalização das coisas e gentes. Agora, mais do que nunca, o padrão geral possibilitado pela tecnologia e pela comunicação de massa, toma forma e diminui as diferenças. O Big Brother dominador do livro de Aldous Huxley não é uma invenção. É um espectro real.

Todo mundo quer ser bonito, alto, magro, forte, inteligente e jovem para sempre, para além de todos os males e feiuras. E se não quer, é porque ainda não sabe que quer. E assim vamos, mexendo na genética, escolhendo embriões, adicionando à nossa ciência todas as magias e terapias antigas, todos os remédios, quer dizer, o que leva de volta ao meio, à média. Não podemos nem mais ficar tristes ou realizar

---

3 Da Wikipédia: *Admirável Mundo Novo* (*Brave New World*) na versão original em língua inglesa) é um livro escrito por Aldous Huxley e publicado em 1932 que narra um hipotético futuro onde as pessoas são pré-condicionadas biologicamente e condicionadas psicologicamente a viverem em harmonia com as leis e regras sociais, dentro de uma sociedade organizada por castas. A sociedade desse "futuro" criado por Huxley não possui a ética religiosa e valores morais que regem a sociedade atual. Qualquer dúvida e insegurança dos cidadãos era dissipada com o consumo da droga sem efeitos colaterais aparentes chamada "soma". As crianças têm educação sexual desde os mais tenros anos da vida. O conceito de família também não existe.

um luto no tempo necessário: tomamos antidepressivos e outras drogas legais para voltar a um bem-estar rápido e produtivo.

Sinto desconforto em pensar que daqui a pouco não haverá meio de o sujeito se esconder, ficar na sua, ter liberdade de pensar e achar outra coisa que não o pensamento fruto das melhores cabeças pensantes do planeta reunidas, num tempo de alto poder de comunicação de massa. De todas as nacionalidades, da nata do que o ser humano pode pensar, será definido um padrão, considerado o melhor. Padrão este que já está tomando forma, como eu já disse. O estar bem, sadio, normal, será um padrão em princípio difícil de se colocar à parte, tal a sua excelência.

Sempre desconfiei de padrões, dessa busca quadrada de perfeição. Quando o sujeito nascer, terá sido tratado geneticamente para ter as melhores possibilidades de desempenho. Depois, haverá chances iguais de estudo para todos, apoio psicológico, desenvolvimento das habilidades pessoas, até cada um virar um adulto muito parecido com todos os outros.

Um patrão pode vigiar os empregados com microcâmeras escondidas. Pais podem vigiar os filhos e vice-versa e por aí vai. A mútua espionagem já está se tornando real e imperceptível na sua semente de inversão: criamos uma nova prisão, a chamamos de liberdade e todo mundo acredita.

E o que vai ficar faltando? Eu nem sei se vai ficar faltando alguma coisa, mas me parece que vai ficar faltando o indivíduo, o indivisível, o peculiar, o errado, o troncho, o que combina com o inesperado que acontece sempre no Universo inteiro pra ninguém ficar pensando que é o próprio Deus, este símbolo que foi nomeado de várias maneiras apenas para lembrar que há muita coisa superior a nós, seres humanos ou não, no Universo em que habitamos.

Onde está o Amor nessa sociedade de robôs? Representado por sentimentos sociáveis para com o próximo, o semelhante? E o dessemelhante? Que ninguém se iluda: o dessemelhante marcará sua presença sempre, nem que tenham que ocorrer pequenas ou grandes catástrofes, digamos, naturais. Ou artificiais. Bem, toda esta visão futura não passa de um sonho, ainda. Mas as pegadas do animal já são visíveis, e os caçadores já as encontraram. E vão segui-las.

Na Terra, a humanidade anda devagar. Sempre pensamos que o Grande Fim está ali, na próxima esquina da nossa vida, que seremos testemunhas do Holocausto Final. Mas qual! Já presenciamos, coletivamente, muitos holocaustos. E temos esperanças de acabar com a nossa ignorância. Mas agora creio que já dá pra perceber que a ignorância é tanta que não dá pra encontrar o fim dela numa simples mudança de estação. O mundo não acaba nem muda tanto assim a cada retorno do verão ou do inverno. Não dá pra fugir do esforço individual, da responsabilidade de cada um consigo mesmo, da luta contra toda a ignorância e opacidade dentro de cada um.

Enfim, a Era de Aquário, da tecnologia e da comunicação coletiva, não vai nos trazer a Liberdade, como a Era de Peixes não a trouxe também e tampouco as eras anteriores. Será apenas um modo diferente de viver. Pensei que talvez proporcionando melhores condições ao indivíduo para se libertar da sua negra ignorância... Não sei. Em nada ela difere do período da invenção da roda ou da escrita, ou do começo da agricultura. Não sei se é confortador ou não saber que algumas pessoas naqueles mais tempos antigos sabiam que ainda tínhamos muito feijão pra comer.

Fé: adeus às ilusões

29/10/2011

Em fevereiro de 2012 o planeta Netuno entrará no signo de Peixes, do qual é regente, ou seja, com o qual tem grande afinidade. Este é um planeta lento; permanece em torno 14 anos num signo. Desta vez, só sairá deste signo no início de 2026, fechando o último portal da finda era de Peixes. E daí?

Daí que, do ponto de vista da Astrologia pode-se dizer que é uma longa oportunidade (14 anos) para dar um significado que torne mais fácil para lidarmos com nossos incômodos psíquicos, das neuroses à loucura.

O signo de Peixes é o último, e portanto representa a dissolução de todas as fronteiras, a percepção de que tudo o que a nossa consciência alcança está interligado e é interdependente.

E Netuno é um planeta relacionado ao engano, à ilusão, à fantasia, mas também à fé. Muitíssimo se falou no poder curativo, regenerativo e até milagroso da fé.

É simples ter fé. Mas não se pode dizer que seja fácil.

Fé não tem nada a ver com acreditar ou não acreditar em algo: Deus, deuses, gnomos, razão, ciência etc. Podemos, por exemplo, acreditar num Deus todo-poderoso e não termos nenhuma fé. A fé não é a conclusão de um raciocínio: é uma emoção que surge quando desistimos de controlar as circunstâncias ao nosso redor ou o resultado das nossas ações. É aceitar que não controlamos nada disso. Mesmo porque não controlamos! É saber que podemos apenas fazer a nossa parte o melhor possível, mas os resultados não dependem de nós, dependem das forças e leis da vida e do cosmo-sistema que habitamos, complexas demais para o nosso entendimento.

A fé é relaxante. Tira o grande fardo de ser Deus (o que tudo sabe e tudo controla) das nossas costas. É a grande desinfladora do Ego. Podemos parar de soprar o Sol para que ele continue brilhando. Permite que deixemos de lado a bobagem de querer que as outras pessoas mudem, e ficarmos magoados quando não o fazem; não ficamos ofendidos nem injustiçados quando acontece algo que nos contraria, e — o mais importante — diminui radicalmente a ansiedade, que é a expectativa nervosa dos resultados, do desejo de que nossas ações ou aspirações aconteçam do modo como planejamos; medo do resultado negativo e ânsia pelo positivo, como se pudéssemos alterar este resultado apenas com o nosso sentimento de querer que assim seja. Como uma criança.

A pessoa sem fé na verdade é um idólatra, adora um ídolo, e mais especificamente umególatra, porque adora e deposita toda a sua confiança nas suas próprias e restritas capacidades, comparando-as, claro, aos acontecimentos do cosmo-sistema.

É simples falar sobre o abrir mão deste nosso pseudocontrole (só nós acreditamos nele), mas, na prática, isso só é possível mediante treinamento contínuo. E nós sabemos como é difícil esse treinamento, essa determinação, essa perseverança — a cada expectativa, lembrar que já fizemos todo o possível para que o que desejamos se realize.

Podemos não ter sido perfeitos, e quase certamente não o fomos, mas fizemos tudo o que pudemos. E agora devemos relaxar, porque não adianta mesmo nos preocupar. É uma questão de prática e disciplina, assim, terminada a nossa parte, soltar o comando. Muitas vezes. Todos os dias. Até que a fé torne-se parte da nossa natureza.

A FORMIGUINHA E A NEVE

05/11/2011

Outro dia acordei pensando numa musiquinha que eu cantava quando criança, sozinha ou com minhas irmãs, "Ó Sol que derrete a neve, que prende o meu pezinho..."; e lembrei que a fala era num tom de humilde súplica e desamparo.

É claro que estou falando da historinha infantil da formiguinha que fica com o pé preso na neve; imediatamente lembrei a história inteira, que li na coleção infantil escrita por Monteiro Lobato. Meu pai comprou a coleção completa na nossa infância, e li e reli todos os livros várias vezes. As ilustrações eram de André Leblanc, em preto e branco, e a capa era verde escura.

São tantas, e tão variadas histórias que povoaram a minha fantasia e imaginação durante tantos anos, tantos assuntos... Histórias vindas de vários países do mundo, como essa mesmo, da formiguinha — aqui não tem neve, pelo menos não para entrar numa história infantil, e foi uma viagem me lembrar do prazer que eu tinha em aprender com as perguntas de Narizinho, Pedrinho, Emília e o Visconde; as ponderações da Dona Benta e Tia Nastácia, do Sítio do Pica-pau Amarelo.

De vez em quando, todo mundo discutia. Falava-se de quase tudo: fábulas europeias, folclore brasileiro, matemática, geografia, mitologia grega, enfim, quem leu, se regalou (verbo muito usado na época).

Mas por que estou contando isso aqui? Porque fui então, como é meu hábito quando algo me provoca a curiosidade, fazer uma modesta — modesta mesmo —pesquisa sobre o assunto, Monteiro Lobato, que se revelou na biografia da Wikipédia uma pessoa bem mais controversa e inquieta do que o narrador sensato, criativo e amoroso dos livros.

Normal: ele viveu nesse mundo, e não naquele. E quis saber de onde vinha esta específica história da formiguinha com a neve. Acessei o Google e lá fui, incansavelmente, por várias vias. Não encontrei um autor, mas várias interpretações. E o que me chamou a atenção foi exatamente como os diferentes escritores terminavam a história.

Afinal, na minha memória, a formiguinha conseguia soltar o seu pezinho, mas eu não me lembrava como. Lembrava que ela pedia a uma sequência de seres ou coisas, que se diziam impedidos por alguém ou algo que era mais forte. Na versão do Monteiro Lobato, que encontrei num site que dizia ser esta a original, ela começava pela neve: "Ó neve valente que meus pés prende!" Numa outra versão, encontrei: "Ó Sol, tu que és tão forte, derrete a neve que prende o meu pezinho!"

E por aí foi, até que no fim das versões que contei, exceto na de Lobato, ela chega ao mais forte, Deus, que a leva para "onde não há inverno, onde o sol brilha sempre, e onde os campos estão sempre cobertos de flores!"

O fim de Lobato é diferente: "Ó Deus Valente que pode com o homem que caça a onça que devora o cachorro que pega o gato que come o rato que fura a parede que para o vento que desmancha a nuvem que esconde o sol que derrete a neve que meus pés prende!" E Deus respondeu: "Formiguinha, acaba com essa história e vai furtar."

Depois vêm os comentários da turma, que são hilários e esclarecedores: Narizinho estranha porque as formigas são vistas como ladras, e Dona Benta esclarece que aí se veem os dedos das contadeiras de histórias, que em geral eram donas de casa, cozinheiras, para quem as formigas invadem a casa para pegar açúcar.

Já falei demais, e, para terminar, mais um ponto que me chamou a atenção: a solução para a formiguinha não é esperar que algum milagre externo resolva o seu problema, ela toma a sua leve bronca e é aconselhada a resolvê-lo sozinha, porque ela pode.

Isso vale pela história inteira.

O Eu, a Alma e Lei

12/11/2011

Há quem diga, usando termos psicanalíticos, que o homem sofreu três feridas narcísicas: a primeira quando percebeu que não era o centro do universo; a segunda quando descobriu que a Terra não é o centro do sistema solar; e a terceira quando percebeu que não controla nem mesmo o que acontece no seu interior — seus próprios pensamento e sentimentos —, esta última, obra da Psicanálise.

A Psicanálise se distingue de outras técnicas de psicoterapia por se desviar do aconselhamento, da catarse, das "terapias de conversa", por se apresentar mais como uma "terapia de relacionamento", já que o instrumento de trabalho do psicanalista é o próprio relacionamento que se estabelece entre ele e seu analisando, chamado de "transferência"; e é através da repetição dos padrões de relacionamento, que o paciente apresenta ao analista, que este vai poder fazer seus esclarecimentos. É, pois, na vivência, e não só na conversa, que ocorre a Psicanálise.

Até hoje me perguntam qual é a diferença entre Psicanálise e a Psicologia, se sou analista ou psicóloga, psiquiatra ou terapeuta, assim, puramente.

É claro que não sou eu que irei esclarecer assunto tão delicado. Mas uma vez fui morar numa cidade no interior de Minas Gerais e ninguém, nem os médicos, sabiam o que era Psicanálise. Assim, fui convidada para escrever um artigo para o jornal da cidade.

Fazendo um ultrarresumo daquele texto, eu disse que no decorrer do nosso desenvolvimento psicológico podemos distinguir duas forças principais. Uma delas é criativa, selvagem, peculiar, intuitiva, autoafirmativa, orgulhosa de si, que parece proceder do coração e ser o alimento da Alma. Quando estamos sintonizados com esta força, nossos olhos brilham, o coração se abre, e somos pura coragem, ardor, integridade. Nessas horas, temos desejos. Almejamos para nós uma vida rica em experiências e emoções, e nos sentimos aptos a consegui-la. Podemos dizer que já nascemos com essa força, que ela sempre esteve lá, no centro do nosso coração (a Alma).

A outra força é bem diferente. É despertada por nossos contatos com o mundo externo, desde que nascemos. É a mediadora entre nós e os outros, entre nós e o mundo. De fora, recebemos instruções sobre horários adequados, comportamentos adequados, perigos e áreas de facilidade, primeiro no lar, depois no grupo e na sociedade. Aos poucos, formam-se padrões em nossa mente, nossos modelos de certeza e adequação (a Lei). Cada vez que surge uma nova questão, consultamos esse nosso padrão para saber o que nela consideramos certo ou errado, bom ou mau. Sem essa segunda força, torna-se difícil ou até impossível o nosso convívio na sociedade. É ela que vai nos instrumentar para a realização dos nossos desejos.

Uma é uma força motriz, a outra é uma força maleável, mediadora e propiciadora. Uma é como um rio, e a outra é como uma roda d'água. Se operam em harmonia, maravilha, são grandes realizações. Se entram em conflito... é a neurose, angústia, insatisfação, perda da Alma ou perda de freios. Se a força maleável não for suficientemente amorosa e tolerante, a Alma pode se rebelar e declarar guerra, fazendo a pessoa se entregar a excessos de qualquer tipo, como a violência, drogas, álcool, fanatismo religioso, comidas pouco saudáveis, relacionamentos prejudiciais ou qualquer tipo de transgressão deliberada.

Se a Alma for ferida muito cedo, por causa da tirania da força maleável — a Lei, que parece vir do mundo externo —, a pessoa é aquela que se sente abafada, apertada, agoniada por dentro, com uma saudade muito profunda de alguma coisa que não sabe precisar. Tem enorme desejo de viver, mas se mantém ali, no cativeiro, até por medo de, ao se soltar, cair nos excessos irresistivelmente.

Mas se algum conflito que perdura é porque existe um fator equilibrador: é o que se costuma chamar de Eu, aquilo que em nós é capaz de consciência. Algo em nós é capaz de tomar consciência da situação dessas duas forças e intervir na contenda, é capaz de tomar uma decisão e promover a ação.

Sim, pois nada muda realmente sem uma ação que testemunhe e avalize a percepção interna (do Eu). O Eu é justamente quem age; por isso, o pronome é o sujeito do verbo, da ação. Graças a ele é que temos a opção de tomar as rédeas da nossa própria vida e influir no nosso destino. Caso contrário, os outros decidirão por nós, e nós, que já não podemos nos livrar da consciência, ficaremos com a desconfortável sensação de estar passando a vida em branco, sendo mais um número na massa, sem rosto ou coluna vertebral. Isso, sem falar em consequências mais graves.

A Psicanálise é um dos instrumentos de que podemos dispor para administrar favoravelmente essa contenda. O Eu é o nosso dom e a nossa obrigação. É a nossa questão, nosso ser ou não ser. A tomada de consciência começa com a percepção de que Eu não sou a minha Alma, nem a Lei; não sou minha mãe nem meu pai.

Eu sou Eu.

Vida longa

19/11/2011

Dia desses eu estava a conversar com um amigo próximo; falávamos das agruras de donos e donas de casa: lava a louça, arruma a cama, põe comida pro gato, limpa o sanitário do mesmo, chama o bombeiro e infindáveis etecéteras. É claro que a pia da minha cozinha estava o caos, e nós dois com uma preguiça imbatível.

Foi aí que, de repente, me lembrei de um episódio, digamos, bizarro, que ocorreu um dia, há muitos anos. Meu filho ainda era uma criança e morava comigo uma amiga, mais uma empregada inteligente e culta que vinha na segunda feira e se ia na sexta. Praticava a função de empregada doméstica por escolha pessoal, bem sedimentada: era muito feliz nessa profissão.

Pois, éramos todos jovens ainda, e a casa vivia cheia de amigos, copos, música, cinzeiros. Cozinhávamos no fim de semana. Aí, fazíamos pratos especiais para nossos convivas, com temperos exóticos e receitas mais sofisticadas. Resultado: a pia ficava um horror de louça, embora limpássemos tudo antes de colocar lá e encher com água e detergente, para facilitar a limpeza das partes mais grudadas; isso, na segunda-feira.

E foram anos de segundas-feiras como essas. Um dia, acordei sonolenta e a cozinha estava quieta. Nada de barulho de lavagem de louça, que também servia para nos acordar, bateção de portas de armários na cozinha ou barulho de máquina de lavar ligada. Olhamos, procuramos, e, por fim, vimos um singelo bilhete pregado com durex na porta da geladeira: "LIMPEM VOCÊS MESMAS ESSA BAGUNÇA

TODA".

Quem escreveu, nunca mais voltou ou telefonou. Hoje, rimos muito ao lembrar, gargalhamos. Mas o fio de memória é implacável: junto com o bilhete, veio à lembrança a época em que meu filho foi morar na casa do pai dele — por motivos muito justos e nós dois, os pais, estando de pleno acordo de que isso era o melhor para ele —, e os dois anos que eu e minha amiga sofremos de nó no peito e na barriga e choramos de falta dele, mesmo que ele viesse, como vinha, nos fins de semana.

Hoje, tudo isso passou; ele é adulto e independente, e esteve recentemente a visitar essa amiga que não mora mais no Rio de Janeiro há anos. Nunca comentamos com ele nosso choro e dor. E hoje, se contarmos o tempo que todos já vivemos na vida, esses dois episódios não passarão de alguns quadros retirados de um rolo de filme muito, muito longo — todo mundo que o assistiu, mesmo nós, vai achar a vida tão curta, passou tão rápido.

A vida, mesmo de quem vive pouco, parece curta porque o passado, na sua misericórdia, tudo engole. Mas é tão longa que precisaríamos de várias enciclopédias para contar com sentimento todos os seus pedacinhos.

Ainda bem!

Atravessando as crises — o Serpentário

26/11/2011

É claro que não vou entrar na discussão se os signos astrológicos mudaram porque alguém resolveu dar atenção à constelação do Serpentário, parte dela entre as constelações de Escorpião e Sagitário, e questionar a existência de um 13º signo. Socorro, socorrinho!

Já abordei este tema no artigo que está no meu site, chamado "O 13º signo e a morte da Astrologia". Acabamos de passar do signo de Escorpião para o de Sagitário. O signo de Escorpião representa a fase do ciclo zodiacal em que a pessoa que vem fazendo sua caminhada pela vida toma consciência de sua própria morte, geralmente provocada por alguma perda importante — da infância, de pessoas, circunstâncias ou coisas queridas, coisas sem as quais parece que não conseguiremos mais seguir vivendo. Dá vontade de sumir, ir para a Pasárgada, dormir dentro do travesseiro até passar a dor. Todo mundo parece feliz, menos nós! Resumindo, acontece nas crises em que não vemos o caminho de volta para o bem-estar!

Nos revoltamos. Alguns querem morrer; de amor, de álcool, drogas, tristeza, desgosto. Quem consegue passar pelo orgulho, busca ajuda, desde conversa com amigos a psicoterapias, exercícios físicos, yoga, orações, meditação. E coincidentemente é nessa passagem de volta para o bem-estar, o otimismo, a confiança na vida e nas pessoas — atributos já do signo seguinte, Sagitário — que a constelação do Serpentário cruza a faixa zodiacal. Achei interessante, e fui fazer uma modestíssima pesquisa sobre a dita cuja.

Descobri que Ofiúco, o Serpentário, é uma constelação localizada no hemisfério Sul. O serpentário é um homem segurando uma serpente, que fica dividida em duas partes no céu, Serpens Caput e Serpens Cauda, sendo mesmo assim computadas como uma única constelação. Ofiúco, na mitologia grega, corresponde a Asclépio, filho do deus Apolo e da mortal Corônis. Desenvolveu grande habilidade na medicina; aprendeu a cirurgia e o poder curativo das ervas, e adquiriu tão grande habilidade que podia trazer os mortos de volta à vida. Ofendido, Hades pediu a Zeus que o matasse, por violar a ordem natural das coisas, e Zeus concordou. No entanto, como tributo a seu valor, decidiu colocá-lo no céu rodeado por uma serpente, símbolo da vida que se renova. Esculápio e sua serpente foram incorporados ao símbolo da própria Medicina, presente até hoje na cultura ocidental.

A respeito do Serpentário, o que ficou na minha mente foi a ideia de que a primeira atitude a se tomar nas crises, por mais dolorosas que sejam, é procurar ajuda, porque esta existe, através das artes da cura para a volta ao bem-estar físico e psíquico.

Agora, a saída, o Sagitário: qual é o truque para sair do buraco? No caso deste signo, é se imaginar no futuro, quando tudo tiver passado. Aí, tudo fica muito engraçado! Qualquer mico ou perrengue visto depois que passou é cômico: eis a bênção do senso de humor! Você se lembra de alguma vez em que saiu todo arrumado para um evento extremamente importante, e, mal pisou na rua, tropeçou numa criança que passou correndo e caiu estatelado numa nova poça de água fétida que surgiu com a chuva, e com tanto estardalhaço, que a água fétida respingou até nos seus olhos? Você quer matar a poça e a criança, fica com os olhos arregalados de tanta raiva. Quando estava para ter um ataque de fúria, se opera a mágica do senso de humor: você projeta seu pensamento no espaço e no tempo e consegue se ver, como a se observar do alto, junto aos deuses.

Que situação, hein, meu amigo? Todo molhado, e vai ter que enfrentar uma ida até onde possa tomar um banho caprichado — sabe-se lá que germes se alojaram em você... no seu nariz, na sua boca aberta. Tá ridículo demais, companheiro! E aí você cai na gargalhada, diante da sua triste figura. Sacode os pingos d'água e pode ser até que vá assim mesmo ao compromisso!

Assim, aceitando a ajuda, usando de bom humor e boa vontade, o intermediário Ofiúco pode ir se ocupar de quem de fato estiver precisando. Há dores causadas por outros motivos, para além dos inerentes ao crescimento humano. Como já dizia Shakespeare na fala de Hamlet: "Há mais coisas entre o céu e a terra, Horácio, do que sonha sua vã filosofia."

Plutão: a ponte entre Astrologia e Psicanálise

03/12/2011

Como vocês sabem, pratico Astrologia e Psicanálise. Muitos me perguntam como concilio na teoria e na prática estes dois saberes, aparentemente tão diferentes.

Foi mesmo do nascer da Psicanálise que peguei um atalho para pesquisar uma conexão entre as duas. A psicanálise nasceu junto com a descoberta de Plutão: os dois vieram ao nosso conhecimento quase ao mesmo tempo (no início do século passado: Plutão foi descoberto em 1930), e lidam com elementos semelhantes: o oculto, os mistérios, a morte, treva, labirintos, sombras, transformação etc. Enfim, há um lado obscuro e desconhecido que faz parte de todas as coisas conhecidas.

Tanto Plutão quanto a Psicanálise tratam especialmente da sexualidade. Em princípio, é a expressão do instinto de preservação da espécie, que para nós é realizado através da reprodução sexuada. Este instinto tem uma finalidade específica, um alvo, que é o parceiro do sexo oposto para que seja realizada a cópula, e assim mantido ou aumentado o número de indivíduos da mesma espécie.

Até aí, estamos pois no mesmo patamar de uma série de outros animais. Mas há uma grande diferença: o ser humano aprendeu, para mim, misteriosamente, a refletir — a sair de si e se ver de fora, olhar no espelho e não achar que é outra pessoa.

Por sermos capazes de refletir, somos também capazes de perceber o imenso prazer que acompanha a realização do objetivo sexual.

E por que um prazer tão imenso, descrito por muitos como próximo ao êxtase espiritual, à união com a divindade? Porque, caso contrário, ninguém copularia por livre e espontânea vontade e a espécie pereceria. Simples assim. Para que tanto trabalho? Tanto gasto de energia? Uma chupeta serve para o bebê, na ausência do peito da mãe, enquanto a fome não é tão grande. Ele está satisfazendo o prazer de sugar, ligado ao instinto de sobrevivência que o leva a se alimentar, mamar, nessa fase do seu desenvolvimento.

Voltando ao prazer, o ser humano percebeu mais: que tal prazer poderia ser deslocado do objeto em si (o parceiro). Assim, nos apoderamos desse poderoso instinto para satisfazer não apenas a necessidade coletiva de preservação da espécie, mas *para nossa própria e pessoal satisfação*.

Para um animal, qualquer parceiro serve, desde que a fêmea esteja no cio. Mas para um humano, se qualquer parceiro servisse, ocorreria o que para nós, civilizados, seria considerado incesto e poligamia etc.

E o objeto passa por uma série de vicissitudes. Conforme a cultura do ser humano em questão, muita coisa pode se transformar em um objeto para o qual está voltada essa poderosa energia, na verdade inconsciente e incontrolada por nós: parceiros variados, dinheiro, poder, controle sobre os outros. Se pesquisarmos esses outros objetos, chegaremos à conclusão de que a base de qualquer desejo é a mesma da sua função primária: encontrar um parceiro que consideremos dignos de nós para a reprodução, a subsequência, a descendência, o destino.

Assim, se temos mais dinheiro, poder, estudo, *status* social, podemos encontrar parceiros mais adequados às nossas necessidades, além do puro e simples ato sexual.

Vemos então que a função de Plutão e da prática psicanalítica visa ao gerenciamento desse desejo através da batalha renhida contra a autoindulgência; a entrega à busca só do que nos dá prazer, que é a raiz do nosso inferno particular.

Para isso, revelam um segredo. Geralmente depois de inúmeros revezes, decepções, frustrações e desilusões, a consciência nos revela que só o que podemos controlar são nossos músculos estriados esqueléticos, ou seja, a nossa ação. Por meios diversos, Plutão e Psicanálise forçam nossos "demônios" para a superfície consciente, para que sejam transformados e tenham seus resíduos eliminados. Por isso, Plutão é associado com a purificação, eliminação, regeneração, transmutação, morte, fim, purgação e todas as neuroses.

Deixamos de buscar fora o que só encontraremos dentro de nós mesmos: o nosso Eu. Nunca, em hipótese alguma, se deve ter como meta a obtenção do prazer. O prazer é algo que ocorre naturalmente; é uma decorrência do viver, e vem na proporção em que podemos suportá-lo. Quando nos entregamos à busca do prazer em si, chegamos a NADA, porque a função de desejar é contínua e tem a função de manter a espécie; o objeto desejado é como a linguiça amarrada no rabo do cachorro, que roda tentando mordê-la: nunca é alcançado.

A única maneira produtiva de agir, então, é agir como consideramos que seja o melhor para nós (o que nada tem a ver com a obtenção do prazer). Assim, tudo o que fizermos é abençoado pelas energias sutis do Universo e prospera. Nossa meta é o nosso Norte, mas paz de espírito e alegria podem e devem ser realizadas, aqui, e agora.

NATAL: DA ERA DE PEIXES PARA A DE AQUÁRIO

10/12/2011

Desde criança eu ficava confusa nas festas de Natal e Ano Novo, no Natal, principalmente, uma mistura de Papai Noel com presépio e árvores enfeitadas. Sendo a princípio de família cristã, frequentei missas católicas e depois a escola dominical no protestantismo. Aprendi que Natal era a comemoração do nascimento de Jesus Cristo, o Messias e Salvador da humanidade para essas religiões. Mais tarde, já tendo passado por várias seitas e vertentes do misticismo, do ocultismo e, principalmente, através de pesquisas pessoais, concluí que a festa contemporânea de Natal era resultado de um amálgama de religiões e crenças.

Sem entrar na questão dos calendários para explicar o Ano Novo no dia 01 de janeiro, há muito se sabe que o Natal tem raízes pagãs. Entre os romanos, os festivais eram muito populares. O solstício de inverno marcava a Saturnália, em homenagem ao deus Saturno. Divindades ligadas ao Sol, em geral, também eram celebradas no solstício.

No hemisfério norte as festas de fim de ano se dão próximas ao solstício de inverno, que ocorre por volta dos dias 21/22 de dezembro. A palavra solstício vem do latim — Sol e *sistere* (que não se move). O solstício de inverno ocorre quando o Sol atinge a maior distância angular em relação ao plano que passa pela linha do Equador, uma data de grande importância também para diversas culturas antigas, que a associavam simbolicamente a aspectos como o nascimento ou renascimento.

Com a introdução do cristianismo no Império Romano, a Igreja entendeu que devia *cristianizar* as festividades pagãs que os vários povos celebravam na altura do solstício de inverno. Os povos da Europa pré-cristã, chamados pelos católicos de pagãos, tinham grande ligação com essa data. Segundo alguns, monumentos como Stonehenge eram construídos de forma a ficarem orientados para o pôr do sol do solstício de inverno e o nascer do sol no solstício de verão. Há indícios de que a data de 25 de Dezembro foi escolhida para representar o nascimento de Jesus Cristo já no século IV.

O que mais me chama a atenção é como o evento do cristianismo domina a era de Peixes, signo ligado à necessidade da fé, da crença, para estabilizar as zonas mais profundas, obscuras e sensíveis da nossa alma, a psique, a parte nem palpável nem visível de nós que define o nosso bem-estar ou mal-estar emocional, sobre o qual não temos controle direto. Não podemos parar de sentir angústia porque queremos, nem nos impor paz de espírito quando queremos matar ou morrer. É o signo que nos mostra a única saída contra nossa impotência relativa às emoções: crer em algo; se entregar; se necessário, se sacrificar, se diminuir, lavar o chão, se submeter a um poder invisível e mais poderoso do que o poder mundano. Cada um sabe que monstros habitam o fundo de seu oceano emocional, que sereias de lá nos enganam. Em quem podemos confiar?

Em quem afirma que pode nos ajudar a atravessar esse abismo e subir até onde brilha o Sol, a Luz que tudo esclarece. Quando conseguimos confiar em alguém, por que não espalhar as boas novas para todo mundo?

A dúvida é uma ameaça tão grande que temos a necessidade de converter o outro para manter a nossa crença. Crença e confiança são sentimentos muito frágeis, porque uma falha já ameaça derrubar a paz de espírito a duras penas conquistada. Dessa forma o cristianismo, religião baseada na crença e na devoção, dominou os aproximados 2 mil anos da Era de Peixes.

Agora, o Natal já mostra pinceladas da nova era de Aquário. Aos poucos, e cada vez mais, vai se transformando numa festa de confraternização — primeiro na família, depois na sociedade e com toda a humanidade. É uma festa quase global. Um astrólogo conhecido meu, certa vez, comentou que o ideal de uma era só se realizava na próxima. Excelente.

Mas não vamos nos iludir com a era de Aquário: a tecnologia vai nos levar a novos mundos, mas talvez à custa de muita solidão e sacrifício da individualidade. Vamos buscar o que é melhor para os grupos, não para o indivíduo. A humanidade vai atravessar mais essa era levando vantagem. Nossos descendentes é que vão conhecer e viver mais esta aventura humana.

Por enquanto, desejo um feliz e caloroso Natal para o maior número possível de pessoas!

Retocando o passado

24/12/2011

Começou o verão e um novo ano começará no dia 1 de Janeiro de 2012, segundo o calendário gregoriano, que é o que usamos. Essas marcações do tempo só fazem realmente sentido por causa das estações, que mudam ciclicamente, vão e voltam, e nós sentimos na pele e nos ossos os seus efeitos.

Num momento em que se fala de fim de um Ano Velho, gasto, e começo de outro, Ano Novinho em folha, é claro que é mais do que natural ter a ideia de deixar para trás o que não são boas memórias e pensar no próximo ano como um portal de esperança. Agora sim, teremos mais sorte, escolheremos os melhores caminhos, acertaremos a direção, o nosso alvo. Encontraremos o grande amor e a paz de espírito, e acabaremos com as nossas angústias, medos e demais feiuras! Vamos então comemorar!

É realmente um momento mágico, um hiato de tempo, uma fenda por onde nossos melhores sentimentos vêm à tona: boa vontade, amor, compaixão, alegria, gratidão, solidariedade, integração com o mundo em que vivemos e com a vida que levamos. Somos tomados por um espírito vencedor; afinal, ultrapassamos mais uma etapa de lutas e expectativas, sangue, suor e lágrimas. As dificuldades do ano que termina ainda estão frescas na nossa memória.

Aí entra o espírito da mudança, da esperança, para a qual precisamos de uma raiz, uma semente. Estendemos nosso sentimento de vitória ao passado mais remoto, lançamos a rede para pegar boas memórias. Ah, como era gostoso aquele tempo! Falando sério, como eu me diverti! Ri muito com meus amigos, ouvi histórias hilárias e contei as minhas também. Fiquei em silêncio com o meu amor e com os meus amigos, às vezes, saboreando momentos inesquecíveis. Vi paisagens maravilhosas; peguei chuva totalmente desprevenido; fiquei p. da vida, mas depois quase morri de rir ao olhar na vitrine a minha triste figura, todo molhado e escorrido.

Escapei de grandes perigos, saí ileso de enrascadas emaranhadas. E tudo o que sofri e chorei por aquela pessoa que me deixou, que bobagem! Passou! Quis me vingar, quis virar o jogo. Perdi tempo à beça, perdi alegria. Pensando bem, aquela pessoa não valia nem um centésimo das minhas lágrimas. Mas, mesmo assim, hoje não guardo mágoa nem rancor.

Guardamos uma secreta ou explícita sensação de nos termos dado ou termos recebido uma nova chance. Tudo pode acontecer, realmente. Vai começar o jogo outra vez, com um cacife intacto.

Nova chance: é tudo de que eu precisava.

Acho que podemos simplificar a nossa lista de resoluções para o ano novo, limitá-la a cultivarmos o sentimento que nos toma agora: o perdão. Para si, para os outros e para as circunstâncias. O perdão joga fora o que não serve e libera boa vontade, amor, compaixão, alegria, gratidão, solidariedade, integração com o mundo em que vivemos e com a vida que levamos, e tudo o mais que nos faz bem. É só prosseguir!

Vamos então comemorar com tudo! Boas festas e até o próximo ano!

2012 — ANO DA LUA

31/12/2011

Os antigos usavam a "Estrela dos Magos", de sete pontas, onde são colocadas as duas luminárias o Sol e a Lua e os cinco planetas visíveis a olho nu e que eram conhecidos na antiguidade, de Mercúrio a Saturno. Eles a utilizaram contando o Ano Zero sempre como sendo o ano regido pelo Sol. A sequência é a dos sacerdotes caldeus, que tem a ver com a velocidade média aparente dos planetas/luminares e com os ciclos da vida (o número sete é relacionado aos ciclos de Saturno, que leva cerca de 28 anos para realizar uma volta completa em torno do Sol, e da Lua, que tem um ciclo médio de 28 dias (mês lunar). Começa então pelo Sol no sentido dos planetas entre o Sol e a Terra, Vênus, Mercúrio e Lua; depois os seguintes, Saturno, Júpiter e Marte e, por fim, volta ao Sol.

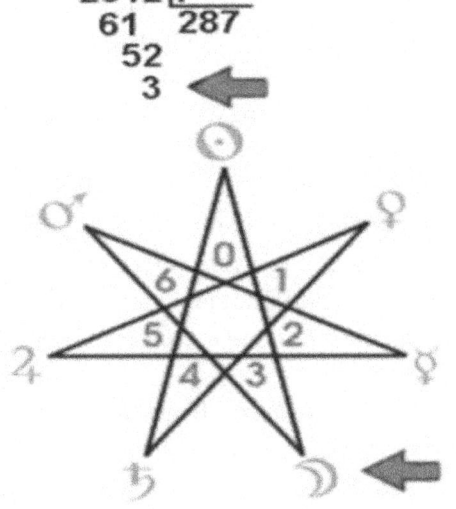

O cálculo do regente do ano é muito simples: basta dividir o ano por 7, e o número que restar indica o planeta. 2012 é, pois, regido pela Lua. Vamos a ela, então!

A Lua representa em nós o que chamamos de psique, ou subjetividade, como é dito hoje. Funciona como um filtro superespecífico e autônomo entre nós e o mundo exterior. Sua função primeira é nos proteger e garantir a nossa sobrevivência.

Nos seres humanos, ela funciona como o mais forte sedativo, que é a capacidade do esquecimento. Tanto no sentido de esquecer quanto no de lembrar (memória), ela opera objetivamente na subjetividade com aquela inteligência autônoma à qual me referi acima. Quer dizer, independentemente da nossa consciência. Sem o esquecimento, seria impossível sobreviver. A começar do início: não suportaríamos o grandioso susto do nascimento e poderíamos morrer, não fosse o bálsamo do esquecimento que nos é dado pela Lua.

Para muitos, não parece, mas a função da Lua é uma questão de vida ou morte: se você não conseguir convencer alguém a cuidar de você quando bebê, a morte te ronda... Nascemos muito indefesos, e o passado nos dá uma dimensão de quem somos. A Lua, como nosso pai e nossa mãe, nos passa uma herança, nos ajuda a sobreviver graças ao hábito que nos é passado: a tradição.

A Lua é fundamental para a tranquilidade. Para o bem-estar da psique, é preciso que fiquemos ligados nas questões comuns da vida.

A Lua é a função da Mãe: funciona terapeuticamente. É responsável pelo término da luta; lembra que você vive em sociedade, que você tem deveres, que você tem que comer; que é feito de carne e osso, sangue e necessidades que precisam ser atendidas. É a emoção, e a emoção sempre vem do passado, é sempre uma lembrança. A Lua extrai o passado numa forma simbólica, não da forma concreta, real: transforma os acontecimentos em Mitos. Já o presente é exaltação, realização.

Outra palavra ligada à Lua, especialmente na Cabala, é "fundamento". Ela representa a infância, que é o período em que não temos condições para assumir a nossa sobrevivência. Nessa fase, só recebemos. Na infância e na velhice, a precariedade da nossa situação é máxima.

A Lua é prática, popular; todos temos um passado e alguma história: então, somos todos iguais nesse aspecto.

Agora, ao que interessa: o ano de 2012.

Teremos oportunidade de perceber nossas emoções, o quanto o fundamento da nossa paz de espírito é necessário para avançarmos no nosso desenvolvimento pessoal, amadurecimento, e também nas nossas realizações materiais. Não adianta nada estar dentro de um palácio de ouro tomado de angústia. E isso acontece muito. A dica para este ano vem, primeiro, das águas: é regido pela Lua e Netuno está entrando definitivamente em Peixes, seu próprio signo, também de água. Já falei mais sobre isso numa crônica anterior.

Água é emoção. Acalmemo-nos, pois; os embates de Saturno em Escorpião e Júpiter em Touro, pelo Poder e pelo Valor, vão estar a mil, a Lei contra a adoração generalizada do bezerro de ouro, que é a Ganância, saco sem fundo de desejos, insaciável e viciante.

Além desses aspectos, Urano estará em Áries para nos dar coragem e dignidade para manter nossos propósitos verdadeiros: viver segundo acreditamos, uma coisa pra lá de difícil!

Vamos lembrar que nada merece a nossa paz de espírito, algo que só compreendemos quando a perdemos. Então, vamos de Lua e Netuno contra a Ganância, com fé, dignidade e sem esmorecer.

Feliz 2012 para todos nós!

É NÓIS!

11/02/2012

Olha, eu preciso citar a Noga Sklar, porque, embora nos conheçamos, digamos, há umas decadazinhas, mantivemos uma relação que não sei como descrever. É. Nas vezes em que eu lia o blog dela, ela comentava alguma coisa comigo, eu sabia que ela ralava e que não ia desistir nunca, e eu de minha parte nem tenho esse vocábulo no meu dicionário pessoal. Cá nos encontramos. Fisicamente, rapidamente, na Farra I aqui no Rio, e ela me encontrou mas não me viu: disse que eu não fui. Nem discuti.

Agora leio a sua crônica sobre a viagem de férias/ aniversário a Paris com o Alan, seu marido, e o reencontro com James Joyce, figura obscura para mim, que nunca o conheci. Meus sessenta anos devem chegar no ano que vem, em 2013. Engraçado. Implico com certas coisas, assim, pura e simplesmente, como foi o caso de James Joyce. Vi várias vezes nas mãos de amigos aquele livro enorme, todo mundo se deliciando e tal. O livro se chamava *Ulisses*. Poucas vezes peguei na mão um exemplar, sem interesse nenhum, tanto que não me lembro uma palavra, um capítulo, se é que tem. Sempre me pareceu uma coisa sombria.

Tive outros interesses literários, assim apaixonados, compulsivos. Li uma tradução da *Divina Comédia* em que cada página era meia — a outra meia toda em notas de rodapé. Eu lia aquele italiano antigo e tentava me entender com a tradução. Para começar, era escrito em verso. Isso. Com ilustrações do Gustave Doré, magníficas e esplendorosas. Só li o "Inferno". Passei meses — menos que um ano, só pensando em versos.

Não sei se esse foi o livro que mais me impressionou, mas faz parte dos cinquenta mais. Na minha lista há muitos brasileiros, gente que me impressionou deveras. Mas nunca pensei no ato de escrever como um trabalho: pelo contrário. Até os 30 anos me considerava incapaz de escrever um bilhete, embora desenhasse, muito bem, modéstia à parte. O desenho nunca foi um desafio para mim.

Agora, lendo a crônica da Noga, as sincronicidades, a leveza que ela espraia, transmitindo uma liberdade que acolho, decido mantê-la com cuidado, essa liberdade, até meu aniversário de sessenta anos. Falo só por mim: viajei por essa crônica de carona, em uma brisa de liberdade, por dentro de mapas, lugares casas, vidas. Vou ter que ler o famoso Joyce. Um dia.

A ESCOLHA

03/03/2011

Há muitos anos, desde quando me dei conta, quando visitava fazendas, ou andando nas ruas de cidades grandes ou pequenas, enfim, vivendo neste mundo que a nossa civilização construiu, me incomodo com os maus tratos a que os animais, seja para diversão ou refeição, vamos chamar assim, são submetidos. É claro que eu, você e todos nós já presenciamos muita crueldade nua, crua e repetida.

Na minha mente, tomada de náusea ao ficar sabendo de qualquer crueldade, a primeira coisa que pensei foi: vou deixar de comer carne. Todos sabemos também por onde se perdem essas discussões: vegetarianismo, dieta lacto-ovo-vegetariana, macrobiótica e múltiplas outras. Para resumir, nada parece funcionar como uma boa alimentação sem que animais sejam mal tratados.

E eis aí a diferença: eles são cruelmente assassinados, e não sacrificados. Eu presto atenção nas palavras. E foi assim que ouvi certa vez um amigo comentar o significado da palavra sacrifício. Não é nenhum mistério ou segredo. Sua origem etimológica é *sacr*, de origem provavelmente judaica e depois latinizada para *sacrare*) e a palavra latina *ofício*). No dicionário etimológico da língua portuguesa — já me disseram ser o único existente — *sacrificar* significa oferecer em holocausto por meio de cerimônias próprias.

Numa consulta rápida à wikipedia, vem primeiro um resumo: *Sacrifício* é a prática de oferecer a vida de animais, humanos, colheitas e plantações, como alimento aos deuses; como ato de propiciação ou culto. O termo é usado também metaforicamente para descrever atos de altruísmo, abnegação e renúncia em favor de outrem.

Não vou moer vossa paciência com a legitimidade do que é sagrado desde o início da cultura. É uma história interessante, que permeia talvez todas as civilizações. O sacrifício é um rito e segue diversas regras, como já era de se esperar ao se lidar com o sagrado, na Grécia, antiga, no judaísmo, no Islã, no Candomblé. Tive proximidade com duas delas: o Judaísmo e o Candomblé. No judaísmo, o sacrifício é conhecido como *Korban*, palavra oriunda do hebreu *karov*, que significa "vir para perto de Deus". No judaísmo ouvi falar na alimentação *kosher*. O sacrifício de um animal, em língua árabe, se diz *Qurban*. A palavra possui em certas regiões uma conotação pagã. Na Índia, porém, a palavra *qurbani* é utilizada para o rito islâmico de sacrifícios de animais.

Como já disse, tive um contato mais próximo com o judaísmo e o candomblé. Ao judaísmo me converti muito honrada. Fiquei sabendo que se pratica o abate ritual — kosher — feito de forma que o animal não sofra, usando-se para isso um perito no manuseio de uma faca chamada *Halaf,* e seguindo uma série de regras.

No candomblé participei de um ritual e só na hora é que fiquei sabendo que um cabritinho ia ser sacrificado em honra aos meus deuses. Antes de qualquer reação minha, o Babalaô disse: "Não chore". Depois encostou a cabecinha dele na minha, pediu que eu segurasse a cabecinha dele, o olhasse nos olhos e dissesse: "a mesma lei que vai levar a tua vida agora vai levar a minha, um dia". Foi duro, mas eu me senti fazendo parte da grande vida.

Agora chega. Nada disso é o meu ponto.

O meu ponto é o nível de afastamento do Sagrado na nossa atual civilização globalizada. Nada mais é sagrado. Não há limites para a nossa ganância, para a nossa cobiça.

Não vou descrever para vocês como galinhas e codornas são tratadas nas grandes granjas. Nem como se faz um patê de *foie gras,* e centenas de outras delícias da culinária simples ou exótica.

Não é nada, não é nada, escolher comer assim ou assado não é uma escolha de paladar, mas uma escolha da alma: entre o amor e a morte. Hoje estamos hipnotizados para ter prazer até onde o nosso dinheiro puder pagar, e que possamos pagar cada vez mais!

Não interessa mais se temos religião ou não: não praticamos o amor, que é o cerne de todas elas. Vivemos na esbórnia espiritual. Parece que o grande McDonald's que existe em torno de nós ou nas telas dos nossos computadores é para atenuar o vazio enorme que fica na alma, a lancinante solidão, a dor da perda insuportável de não saber qual o propósito de estarmos vivos. Vamos nos divertir, nos divertir até chorar, como acontece com crianças muito pequenas, às vezes.

Pensamos adorar a racionalidade e a ciência. Não. Adoramos o bezerro de ouro e estamos na *Kali Yuga* dos indianos: os párias estão no poder, e isso é contagioso. É só uma brechinha, uma pequena concessão nos nossos princípios, e ela te seduz.

Dá para reverter. Que comece por mim, e agora. Vamos ter que fazer amizade com o que é simples, claro e reto.

Introdução à Astrologia — o livro e eu

16/03/2011

Esta é a nova edição do livro *Iniciação à Astrologia*, lançado em 1991 e relançado agora pela KBR Editora Digital.

Vamos começar do começo.

Aprendi a ler muito cedo. Assim, logo comecei a ler a página de jogos e palavras cruzadas do jornal que papai lia. Um dia, percebi uma coluna vertical, no canto da página, que dividia as pessoas, pela data de nascimento em 12 categorias chamadas signos. Cada uma tinha um símbolo associado. Numa olhada rápida vi que um era um Leão e pensei: o meu só pode ser esse! Fui ver a data, e qual, não era! Nem um poderoso escorpião! Era um reles carneirinho, logo o primeiro da fila. Que decepção! Daí então TIVE que saber por que o meu signo era aquele carneirinho e não o Leão, que achei muito mais parecido comigo!

Comecei então uma peregrinação que me levou por vários caminhos, mas principalmente pelo saber astrológico mesmo.

A Astrologia nasceu praticamente junto com a civilização, na Suméria, Mesopotâmia. A superioridade celestial parecia óbvia: de lá vinha luz e calor, trevas, trovões, tempestades, eclipses. Estudos recentes sugerem que o homem primitivo buscou nos céus explicação para os fenômenos naturais grandiosos e surpreendentes que o acossavam. O antigo símbolo sumeriano para divindade era uma estrela.

Mais tarde, foram os caldeus que introduziram a Astrologia como ela é conhecida hoje: 12 casas, 12 signos, e, na época, sete planetas. De lá para cá, a Astrologia se desenvolveu muito. Com o avanço da tecnologia, ficou fácil fazer cálculos inimagináveis em outras épocas. Expandiu suas investigações, abrangendo e eventualmente especializando a astrologia para outras áreas, como a psicologia, mitologia, cartografia, vocacional, eletiva, empresarial, horária e várias outras. É um instrumento de avaliação das forças em maior evidência e força para qualquer momento que se escolha. Multiplicou as formas de corroborar ou confirmar avaliações, tentando aproximá-las cada vez mais de verdadeiras previsões por causa do advento dos softwares de cálculos astrológicos.

Considero que antevisões precisas não fazem parte da astrologia. Estamos no meio de um vasto espaço-tempo desconhecido, e existem sempre elementos inesperados que alteram o mais preciso dos cálculos. Trato da Astrologia mais ou menos como a Meteorologia: seus estudos de clima indicam, mas não preveem acontecimentos.

Este livro mantém o mesmo propósito do primeiro: uma apresentação ao saber astrológico, contando sua história desde o seu surgimento até os dias atuais. As premissas fundamentais da Astrologia continuam as mesmas. É dessas premissas que se derivam todas as outras, para quem se interessar em aprofundar seu estudo. É delas que trato nesse livro. Apoio toda a minha atividade astrológica nestas premissas; gosto de conhecer e estar ligada à semente do que estou estudando para não me perder mais tarde. Qualquer que seja o caminho que eu tome, sei de onde parti.

Para vocês então, com muito carinho, *Introdução à Astrologia*!

O MEDO DE VIVER E OS PARAÍSOS ARTIFICIAIS

31/03/2012

De repente, nos encontramos aqui neste mundo. Com o tempo, vamos aprendendo: papai, mamãe, planeta Terra, rua, casa, outros. Respiração. Medo, alegria, e tudo o mais que conhecemos. Morte certa, e, depois dela, o que alguém sabe ao certo? Especulações de toda espécie: nosso lar, inferno, paraíso, e mil etecéteras. A morte parece o mais obscuro dos mistérios: convivemos com pessoas, e de repente, resta só um corpo, uma casca. O que não nos falta é imaginação para nos confortar do medo que sentimos deste total desconhecido.

Afastando para bem longe da nossa memória imediata esse fato incômodo de que um dia não estaremos mais aqui — pelo menos não como somos — vamos vivendo, sem perceber que a vida é tão misteriosa quanto a morte. A gente nunca sabe o que vai acontecer amanhã, daqui a alguns segundos: se estaremos calmos ou ansiosos, rindo ou chorando, falando pelos cotovelos ou meditando.

Felizmente, a vida se desenvolve em ondas, ciclos. Há o momento de ir para a escola, as mudanças hormonais da adolescência, o crescimento do desejo sexual, no tempo lógico para produzir filhos e conservar a espécie os relacionamentos amorosos, familiares. A participação na luta pela sobrevivência e pela excelência da vida, o que podemos conquistar, até que patamar de conforto e bem-estar podemos chegar no outono da meia-idade e no inverno do envelhecimento. Como será a nossa comédia?

Sim, porque, como dizia o artista Chacrinha, o programa só

acaba quando termina! Só depois que a pessoa morre é que podemos dizer quem ela foi, quantos pontos marcou, quantos corações comoveu. Antes do fim, cada um está lutando ferozmente, porque por um triz pode perder tudo e terminar sua história tristemente — fulano teve seus 15 minutos de fama, sua fase de sucesso, mas morreu sozinho, doente e abandonado...

Falei em lutar e não vou nem explicar, porque acho que todo mundo sabe que a vida é luta renhida. Mesmo o playboy milionário tem que se entender com o seu tédio, com o chamado para os excessos, com a insegurança emocional — será que sou amado pelo que tenho? Será que sou amado? Será que amo? Pois sem conforto emocional o fulano pode estar pedindo para morrer na suíte presidencial do mais elegante hotel europeu, por exemplo... Sem falar nas drogas, na tentativa de dar um fim para a solidão. Essa ladainha todo mundo conhece.

Como já disse, felizmente a vida se desenvolve em ciclos, dramáticos momentos de mudança alternados com o conforto do período de estabilidade que permanece um tanto, depois da mudança — dependendo, é claro, da importância desta.

Ah, os períodos de estabilidade, que maravilha! Chegamos, conseguimos, comemoramos, curtimos até que aquela situação vai ficando antiga, repetitiva, chata, incômoda, desconfortável; mas vamos ficando porque esta já conhecemos, até que, como diz uma frase atribuída a Freud na internet: "Quando a dor de não estar vivendo for maior do que o medo da mudança, a pessoa muda" — seja lá de quem for a frase, faz muito sentido para mim.

Da minha parte, estou numa longa fase de grandes mudanças. Mas já cheguei à meia-idade, já passei das vãs tentativas de fugir à luta, de tentar alcançar algum Nirvana ou outro paraíso que me desse a paz definitiva nesta vida. Assim, tenho uma vantagem sobre quem está ainda nas suas primeiras crises: sei que vai passar. Aprendi também um pouco de gratidão. Então, quero dizer para todas as pessoas que estão em meio a alguma dolorosa crise: perseverando, passa. Bem. Se arrastando, passa também, de qualquer maneira. Ufa.

Pode não parecer, mas estive falando de Astrologia até agora, dando outros nomes aos mesmos bois...

Psicanálise não é conversa

14/04/2012

Alguém está sofrendo de uma dor que não é física: um desassossego, um medo sem inimigo evidente, uma tristeza lá no fundo da alma, um desânimo que parece que cola esse alguém na cama. Vamos ao médico, que prescreve ou não algum remédio e recomenda que a pessoa procure fazer uma terapia, conversar, sair, passear. Tudo o que ela não pode fazer.

"Não se resolve com tapinha nas costas, bronca, lição de moral, viagem ou academia". Também não passa com força de vontade, estímulos de toda ordem para que a pessoa deixe de ser para baixo e comece a pensar positivamente, a tomar atitudes positivas. Ela não consegue melhorar, nem só nem bem acompanhada.

Surge a hipótese de "fazer análise", e algumas pessoas escolhem esta opção. Chegando ao consultório, há um acordo de horário e pagamento entre as partes e começa... uma conversa. Uma conversa qualquer. O analista às vezes começa, às vezes espera o paciente começar, cada um do seu jeito. Vou repetir: cada um do seu jeito. Assim, com o passar das sessões vai se estabelecendo um relacionamento, que, como qualquer outro, consiste em entender e se fazer entendido pelo outro. Repetindo: cada um a seu jeito.

Parece uma conversa normal. A diferença é que um deles está trabalhando, usando técnicas específicas de escuta e interferência criada por Sigmund Freud que permitem ao analista ter acesso a processos que são inconscientes para o paciente, e são justamente os que causam essa dor. Porém, para escutar o que se esconde no inconsciente, o analista tem que colocar o seu próprio inconsciente à disposição do processo que acontece na conversa. Ele também não sabe o que vai dizer ao paciente, nem quando. Suas interferências virão do seu próprio inconsciente, que está guarnecido com o conhecimento desta técnica — Psicanálise —, através de muito estudo, e, principalmente, porque o analista já foi submetido ele próprio a estas mesmas técnicas, tendo feito ou fazendo ainda sua própria análise.

É claro que não vou falar de métodos; vou apenas esclarecer que quando é estabelecido um relacionamento, ao longo do tempo, as pessoas tendem a repetir seus padrões de comportamento, justamente os que levam à sua decepção e frustração com o parceiro. Só que, na prática da psicanálise, o parceiro é um psicanalista, que, lembremos, está trabalhando, e já aprendeu a reconhecer e manter domesticados seus próprios padrões de autoflagelação; assim, pode reconhecer os padrões perniciosos do outro e ajudá-lo a vê-los também.

É tudo muito perigoso e delicado, como em qualquer nova relação que se estabelece: na minha opinião, qualquer relacionamento é uma aventura de alto risco. A diferença aqui é que uma das partes já tem a experiência dessa descida aos seus próprios mundos infernais, já está bem mais cascudo e pode proteger o parceiro e a si mesmo durante o encontro, que dura um tempo indeterminado, pois — como eu já disse antes, cada um a seu jeito — o parceiro paciente começa a reconhecer seus padrões de comportamento perniciosos e vai aprendendo a domesticar seus próprios demônios. Mas sempre alerta e obediente, porque o nosso demônio aprende tudo o que nós aprendemos; nós, por outro lado, aprendemos a não deixá-lo usar esses novos conhecimentos contra nós mesmos. E por isso se diz que a Psicanálise não cura. Como curar o próprio desenvolvimento da vida?

Depois de um tempo lógico, reduzimos a virulência das nossas neuras e podemos prescindir da ajuda do parceiro. Mas nada impede que numa outra vez voltemos lá, ao consultório do analista, para acelerar a desativação de algum novo incômodo no nosso bem-estar psíquico.

O PARAÍSO

24/04/2012

Paraíso: esta palavra evoca de imediato na mente um lugar de paz e descanso, alívio, trégua, tranquilidade. Imperturbável. Geralmente, uma linda paisagem com folhas de palmeira se balançando à brisa suave, ou como a que acabei de ver num CD da minissérie "Razão e sensibilidade" da BBC inglesa — quase toda passada numa das costas íngremes das terras altas inglesas, de rochas pretas e ásperas, batidas pelas espumas branquíssimas que explodem como finíssima renda brilhante a brincar com o preto das pedras. É de tirar o fôlego.

As mocinhas da história, coitadas, ficaram pobres por perda de herança, e foram obrigadas a aceitar a oferta de um primo e ir morar num pequeno mas "romântico" —segundo a mais nova delas — chalé (*cottage*) em frente a essa explosão maravilhosa e contínua de beleza.

Quanto minha retina entrou em contato com essa maravilha — apenas a primeira do filme — a ideia que surgiu sozinha na minha mente foi: é o paraíso!

Suspiro profundo.

Depois do deleite, não consigo evitar a reflexão. Mas o que seria o paraíso? Na verdade, o paraíso é tão indescritível quanto a quantidade de gente no mundo, multiplicado pelo número de vezes que cada um pensou nele, no mínimo — mesmo porque ele não existe.

Não é a satisfação de um desejo, porque é inesperado. É o que brota no coração de alguém que espera outro alguém querido num aeroporto, rodoviária, seja lá o que for e se surpreende ao sentir a emoção brotar, derrubar a barreira de contenção no peito, atravessar o espaço-tempo e encontrar a mesma emoção impetuosa no outro, e naquele momento se unirem, até que a morte os separe, naquele abraço apertado; ou ainda amantes que ao começarem um simples beijo entram num vagão de beijos loucos, numa trilha de calor que gira, sobe, desce, faz curvas sensacionais como numa montanha russa, onde o amor eterno flui sem empecilhos de coração para coração.

Paraíso é pensar que se perdeu o filho pequeno na praia e de repente alguém vem trazendo o pequeno paraíso assustado e cheio de areia. É ver a casa finalmente pronta, o carro novo na rua em frente à sua porta, receber o resultado positivo ou negativo de algum exame médico, querendo dizer que está tudo bem.

Não vou mais me estender nos exemplos. Todo mundo tem uma imensa lista de paraísos.

Por isso não se pode forçar sua repetição. Parar para esperar que ele aconteça de novo. Ou esperar ansiosamente por um pássaro que sabe ele mesmo seus caminhos; pousa aqui e ali, não dá explicações a ninguém. Não dá para adivinhar quando vai acontecer, não dá para prever seus movimentos nem suas paradas, nem com todas as magias, astrologias, macumbas, estatísticas, pesquisas científicas.

Também não dá para dar de ombros ou ficar sentado esperando que ele volte. Quando forçamos, ele foge. Quem não o reconhece quando ele acontece, limita-se a esperar a morte, para ter esperanças de que, saindo deste mundo, vai encontrá-lo e colocá-lo numa gaiola, senti-lo para sempre, socorro! Aí é o inferno!

Inferno e paraíso convivem conosco, se entrelaçam, se cumprimentam e até tomam um café juntos, de vez em quando. A companhia de um ou de outro depende de uma chave simples, de duas opções somente: o abrir ou fechar do coração. Perdão, gratidão e senso de humor o abrem. Rancor, mágoa, ressentimento o fecham. Aí a gente alterna as posições da chave, justamente porque ninguém é perfeito nem nasce sabendo viver.

O Sagrado Feminino — Cadê?

05/05/2012

Meu pensamento é extenso, muito extenso, pode ir tão longe, para além das galáxias... Até onde o que a Cabala chama "véus da existência negativa", onde tudo que existe tem que parar porque não pode reconhecer o que não existe.

Também é tão próximo, que busca o bem-estar para mim e os outros seres vivos no seu dia a dia. Parece uma enorme colcha de renda fina em movimento: com muitas faltas, retornos, caminhos abandonados, repetições inúteis, espaços aparentemente vazios, de todos os tamanhos e formas. Busca, busca... Até que algo lhe chama a atenção pela insistência em aparecer fora do contexto do meu pensamento, viciado nos meus assuntos.

Assim, aconteceu que tenho usado muito o Facebook, onde há uma produção de conselhos, palavras sábias e soluções múltiplas para o nosso mal-estar raso, suportável, porém constante, e um deles me chamou a atenção. Entre outros textos semelhantes, encontrei este que mais ou menos sintetizava os outros. Não sei sua autoria, e vou reproduzir:

"O planeta não precisa de mais 'pessoas de sucesso'. O planeta precisa desesperadamente de mais pacificadores, curadores, restauradores, contadores de histórias e amantes de todo tipo. Precisa de pessoas que vivam bem nos seus lugares. Precisa de pessoas com coragem moral dispostas a aderir à luta para tornar o mundo habitável e humano, e essas qualidades têm pouco a ver com o sucesso tal como a nossa cultura o tem definido."

Ao que se deve o "sucesso" da nossa civilização? Sim, pois que agora, companheiro, "somos todos um", querendo ou não. Nossa concordância ou discordância não tem a menor importância. Desde que de nossa mais nova civilização inaugurada —essa das máquinas — explodiu num crescimento que foi se acelerando e especializando, criando as maravilhas tecnológicas que hoje usamos e da qual dependemos para quase tudo — mesmo para esticar uma respiração mantida por aparelhos, quando o dono do corpo já não mora mais lá — mas seus parentes ou os cidadãos de seu país pagam uma fortuna por cada dia da sua pseudovida.

Será que ninguém ainda percebeu que a MÁQUINA, comercial, governamental, industrial, econômica, política, é quem realmente nos governa? Como naqueles filmes em que as máquinas canhestras, monstros que almejavam nos destruir para ter o poder terreno só para eles? E que em alguns deles, eventualmente, somos apenas usados como combustível (Matrix) — o substrato que fornece a energia para seu funcionamento?

Sinto informar que esta já é a nossa realidade: aperfeiçoar mais e mais as máquinas e encontrar, quiçá inventar novos usos para elas sugando para si a energia do nosso bem-estar. E o que houve, afinal?

Houve apenas o crescimento, sem reflexão, do poder do elemento masculino — a representação do fisicamente mais forte na psique humana: o conquistar, lutar, prevalecer, sobreviver; altamente necessário para estabelecer a espécie e abrir caminho para a realização dos nossos sonhos; criar maravilhas e sair da ignorância negra em que começamos.

Digo, sem reflexão, porque o poder corrompe. E quanto mais ignorância aliada à força, mais corrupção.

Assim, foi fácil simplesmente esmagar o elemento feminino da nossa psique, dispensando o acolhimento, o cuidar, a misericórdia, o amor em todas as suas variantes — tudo o que se chamou de amado era apenas objeto de satisfação de um dos sentidos. Atrofiou-se a ideia de aceitar e apreciar o que se tem; a receptividade, o bom senso, a cumplicidade com a natureza e o respeito aos ciclos; a fé, que como já comentei numa outra crônica não é a conclusão de um raciocínio lógico, mas uma emoção que surge quando desistimos de tentar controlar as circunstâncias ao nosso redor ou o resultado das nossas ações: é aceitar que não controlamos nada disso. Mesmo porque não controlamos! Os resultados não dependem de nós, dependem das forças e leis do cosmossistema em que habitamos, ainda complexas demais para o nosso entendimento.

O mundo mudou, gente. Mudou de paradigma — palavra que detesto, mas não achei outra melhor agora. Acabamos assim: correndo atrás. Com saudade de um aconchego, de um descanso, de um carinho, de uma ajuda, de solidariedade, de dignidade, de honra. De saúde de verdade.

Os acordados já estão se mexendo; já estão surgindo inúmeros movimentos nesse sentido — proteger a natureza, os animais, dar um jeito no lixo, se amar a si e a mais alguém — para não falirmos pateticamente em humanidade. Agora temos, querendo ou não, que reaprender a respeitar o seio materno. E que surpresa: a Grande Mãe perdoa!

Felicidades a todos.

Vênus e a Psicanálise

19/05/2012

Como já mencionei numa outra crônica, "Psicanálise não é conversa", não sendo a Psicanálise uma terapia de conversa, penso que posso chamá-la de psicoterapia de relacionamento, porque o objetivo é ajudar alguém a sair de um sofrimento psíquico, de alma. E todo esse papo de terapia parece não ter nada a ver com Vênus, planeta sempre associado ao amor e à beleza, à sedução. Vênus, astrologicamente, é o planeta da união e da atração. Foi Vênus que levou uma tribo primitiva a fazer acordo e juntar forças com outra tribo próxima — é o planeta que nos ensina que a união faz a força, representa a nossa capacidade de nos relacionar, de expressar afeto, fazer acordos, negociar, nos agregar. Não é à toa que muitos estadistas bem-sucedidos têm Vênus muito bem colocada em suas Cartas Natais. Vênus também determina o nosso gosto, nosso senso estético, a nossa sociabilidade, o que nos atrai ou nos causa repugnância, no nosso ambiente e nas outras pessoas; indica o que nós valorizamos, e então está relacionado com dinheiro, bens e recursos em geral.

Nas relações sociais, Vênus é civilizadora; sua energia é pacificadora, harmonizadora, suavizante, embelezadora. Sendo o planeta da harmonia, está relacionado aos valores, aos negócios e à capacidade de negociar, à medida justa nas trocas. Quer dizer, em qualquer acordo, todos têm que lucrar.

É muito relacionada à forma, ao equilíbrio, à proporção; é o planeta que dá forma às nossas ideias e as transforma em imagens, em imaginação, daí propiciando sua concretização. E também tem a ver com as construções, a arquitetura, as ideias construídas.

Antigamente, era considerada a pequena Fortuna Astral, um planeta de sorte, porque bons relacionamentos valem tanto ou mais que ouro, e saber cooperar leva à prosperidade.

É exatamente esse o princípio da pratica da psicanálise: é preciso haver empatia entre o analista e seu analisante (como se chama agora), para começar. E é a forma como se estabelece esse relacionamento entre os dois que vai provocando uma melhora na vivência de relacionamento do analisante. Quase todo o sofrimento da alma vem do amor não correspondido, mal entendido, mal buscado, da dificuldade ou incapacidade do analisante para fazer acordos justos e produtivos e exercer as qualidades venusianas, já mencionadas em proveito próprio — o que só ocorre se houver também proveito alheio, se se puder deixar a solidão do egoísmo de quem "quer porque quer", surdamente, impor suas vontades, ou a preguiça de fazer esforço e sair cedendo o que não se deve nos acordos e relacionamentos. É um preço caríssimo a se pagar.

Com isso, começa-se a prosperar, a relaxar e alcançar o bem-estar. A excelência nas artes de Vênus é difícil de se atingir. Porém, é possível, mas somente com a ajuda de outros, em nossos diversos encontros.

Foi o Ego: ai se eu te pego!

26/05/2012

Kali Yuga, "Idade do Demônio Kali" ou "Idade do Vício", é um período que aparece nas escrituras hindus, a última das quatro Eras que o
mundo atravessa, sendo as demais: *Satya Yuga*, *Treta Yuga* e *Dwapara
Yuga*.

Escrituras como o *Mahabharata* e o *Bhagavata Purana* apresentam *Kali Yuga* como uma era de crescente degradação humana —
cultural, social, ambiental e espiritual —, sendo simbolicamente re-
ferida como Idade das Trevas, porque nela as pessoas estão tão longe
quanto possível de Deus (ou da Ética, talvez, para quem não gosta
dessa palavra).

Não precisamos refletir muito para concluir que a atual civilização, a civilização dominante, vive uma plena *Kali Yuga*: é a esbórnia
grassando; quase todo mundo tem o rabo preso e é obrigado a acom-
panhar o cortejo da putrefação da alma, ué, de onde veio essa alma?
Falo nela porque é o que em nós sofre. Portanto, é o que realmente nos
interessa. Mas se estamos na farra, no hedonismo e no desregramento,
não estamos nos divertindo? Temos todos os tipos de anestésico para
a nossa ressaca; e toda embriaguês dá ressaca: a de líquidos, sólidos e
gasosos.

Tomamos um antidepressivo aqui, e muito, mas muito sexo
fácil e barato, até de graça e da melhor qualidade! Ah, quem não fica
feliz com os carrões, os prédios mais altos do mundo, o gostosão ou
a gostosona do pedaço? O respeito e o medo de quem é mais frágil:
"Sabes com quem estás falando?"

Nem precisamos falar de drogas ilícitas, pobres ou ricos. O desregramento atinge todas as classes sociais, gêneros sexuais e raças, e até a quem se dedica ao desenvolvimento espiritual: quanto mais se sabe, mais risco se corre de ser tragado pela dissipação. E, em sendo tragado, sai-se contaminando quem estiver em volta, com a promessa de te conseguir a Pílula Dourada (qualquer que seja o seu nome) — aquela que vai curá-lo de todos os males e resolver todos os seus problemas, financeiros e outros.

Em outras épocas, a culpa desse comportamento devastador era do demônio. Agora, já ouvi falar que é do Ego. Já o vi apresentado de tantas formas... O Ego caiu no domínio público, todo mundo o conhece. Ultimamente, tenho ouvido falar nele como a força que existe em nós que nos leva à ganância, à competição, um antro de egoísmo e competitividade que gera todo o mal que praticamos. E, obrigatoriamente, depois arcamos sozinhos com as indesejáveis consequências.

Mas voltemos à alma, aquela que percebemos no silêncio e na solidão e evitamos de todas as formas. Em algum momento, um peso no peito vem nos avisar: "Perdeu, companheiro. Se queres sair do estado de não estar vivendo, apesar de toda a pândega, vais ter que mudar. Como? É contigo mesmo!"

Só eu mesmo posso dar mais atenção aos meus filhos, amor ao meu par, interesse sincero pela vida de quem te ama, levantar cedo para caminhar, comer menos gordura, estabelecer horários, sorrir para as pessoas, tomar banho todos os dias, pensar um pouco antes de se atirar numa deliciosa roubada, evitar as dívidas — mesmo que pareça que você não poderá jamais viver sem aquele objeto, coisa ou pessoa.

E aí, o Ego sossega.

Às vezes é mais fácil mover uma montanha com o pensamento do que realizar uma dessas pequenas mudanças. Mas vale a pena entrar numa Nova Era.

A MAGIA COMO ELA É

02/06/2012

Quando eu era criança, de vez em quando olhava para dentro da cozinha: ali não era local de crianças ficarem zanzando. Via entrar uma porção de comestíveis crus: frutas, verdura, carne, feijão, batatas, arroz, e continuava brincando. Mais tarde, mamãe dizia: está na mesa! E todo mundo (eu e meus irmãos) corria para pegar as melhores partes da comida pronta, fumegante, colorida, cheirosa. *Hummm...* eu pensava, e depois ainda tem a sobremesa!

Cresci achando que cozinhar era um ato mágico. Como se podia transformar aquelas coisas incomíveis em pratos deliciosos? De vez em quando, mamãe nos deixava fritar pastéis, que honra. Mesmo assim, cozinhar continuava um mistério para mim, assim como costurar e trabalhar — que era o que papai saía para fazer todos os dias —, coisa misteriosíssima!

Eu vivia mergulhada nas minhas fantasias: bonequinhas de papel, com nome e história de vida; eu e minhas irmãs fazíamos as vozes e desenhávamos as roupinhas; eram contos de fadas, num deles havia uma menina que vestia um vestido feito de noite, ou de mar, ai, quanta imaginação... Mas eu conseguia. Vivia num mundo mágico. Numa história, era só imaginar que seus personagens mudavam de roupa, de lugar, de ambiente... e pronto!

Ainda criança, ganhei um piano. Meus pais me incentivaram e resolvi aprender a tocar. A professora era minha vizinha do andar de cima, mais perto, impossível. Tocou a música para me mostrar, me deixou tocar as primeiras notas. Fiquei toda empolgada. Mas antes, precisava fazer exercícios, escalas... dó ré mi fá... A ideia era praticar os exercícios em casa durante a semana e na aula seguinte tocar mais um pedaço da música. Aí foi ficando chato. Era muito exercício pra tocar mais um pedacinho! Bem, terminei meu primeiro e único prelúdio de Chopin mal tocado, e piano, nunca mais.

E assim aconteceu diversas vezes, em vários setores da minha vida. Começava, e quando ficava chato, desistia. Sutilmente, sempre evitava o compromisso: depois a gente se vê; no fim de semana vamos à praia, no ano que vem eu começo aquele curso. Quando era obrigada a aceitá-los, estabelecer acordos, quando ficava chato... eu desanimava. E quando me parecia intolerável eu simplesmente quebrava o acordo, e salve-se quem puder.

Permaneci no mundo mágico durante muitos anos. Depois de quebrar a cara muitas vezes, de insistir teimosamente em caminhos impossíveis, percebi que, na verdade, o que eu queria mesmo era que o mundo fosse mágico, como eu sempre acreditara na infância. E percebi que, em vez de fugir dos compromissos, eu precisava agarrá-los e cumpri-los — principalmente os que estabelecia comigo mesma, em segredo. Porque esses, quando quebrados, ferem a autoestima e o amor próprio de tal forma, a pessoa se diminui tanto diante de si mesma, em segredo, que embora ostente por fora o valor — qualquer valor, bilhões em dinheiro ou coisas —, por dentro vai virando um lago de vida que seca cada vez mais...

A magia existe, sim. Praticada nesta ordem: primeiro, estabelecer o compromisso consigo e depois seja lá com quem for; em seguida, confiar na vida e em si mesmo como parte dela, começar de onde se está e se empenhar em ir até o fim do seu propósito. Siga a receita à risca que aí tudo sai diferente do que você imaginou, mas muito melhor!

Não é fantástico?

O REVERSO DA MAGIA

16/06/2012

A base de funcionamento de toda a energia psíquica não é amar e ser amado. É querer e ser querido, eleito; único, pinçado entre todos os outros — o escolhido. Predileto, preferido.

Certa vez conheci uma mulher que havia começado a jogar um modesto bingozinho numa dessas enormes casas de bingo que estavam bombando na época. Pessoas perdiam milhares e milhões nesses lugares e cada vez os frequentavam mais! Já tinha ouvido histórias de pessoas que perdiam imóveis, carros, e, dependendo do cacife do perdedor, lanchas e jatinhos!

Bem, essa minha conhecida pretendia apenas inovar seus programas já repetitivos: muitas vezes, assistia televisão depois do jantar até dormir. Tinha aberto um canal de excitação, salão enorme, muita gente bem vestida — ah, como a pessoa se prepara para perder dinheiro...

Ela até que era, digamos, comedida, mas começou a notar que, no frigir dos ovos — nos implacáveis números — estava era a perder um bom dinheiro. Opa! Já não era mais inocente, já tinha estancado outros vícios — adições, como se chama hoje —, e sabia quanto o processo de exagerar, parar e reparar o estrago posterior a um inócuo gosto por chocolate havia lhe custado em todas as áreas de sua vida. Portanto, ao perceber que já estava passando daquele ponto em que a pessoa começa a arriscar mais do que deve, foi procurar ajuda.

Numa conversa entre amigos em comum, eu a ouvi contar, aflita, o seu caso com o bingo. Sugestão: leve apenas o dinheiro certo e quando acabar, acabou! Dê um tempo! Ela já havia tentado tudo isso e tinha voltado com uma voracidade maior ainda.

Foi então que fiquei curiosa para saber por que a pessoa encontrava tanto prazer em preencher uma cartela de números sorteados a esmo! Perguntei.

Ela me respondeu: porque quando eu preencho a cartela e grito "BINGO!" antes de todo mundo, é de indizível prazer ver 2 mil olhos me fitando com inveja e admiração. E eu, apenas eu, fui a escolhida pelos números daquela vez. Olho em êxtase para o salão todo, sorrindo, como numa daquelas tomadas de cinema que faz um círculo em toda a volta da pessoa (esqueci o nome da tal tomada). A alegria de ser a escolhida mal cabe no peito. Então a pessoa volta, e volta e volta atrás desse êxtase.

Daí, retornamos ao início, à base do funcionamento de toda a nossa vida psíquica: o escolhido, é só o que nos satisfaz. Uma espécie de "Complexo de Espermatozoide" (© R.A.).

Daí, todas as dores, ilusões, fantasias e decepções dos amores. Dói mais você ouvir um "eu te amo, mas não te quero mais" do que a morte a pessoa amada. Perder para a morte, tudo bem. Mas perder para um "não há ninguém, apenas estou precisando ficar um tempo comigo mesmo" — o que é sempre mentira, tem outro, pelo menos em vista ou a meio caminho andado —, é duro demais. Tanto que eu sempre digo que qualquer relacionamento é uma aventura de alto risco. Ainda mais inclui prática de sexo, quando o "complexo de espermatozoide" atinge sua máxima potência, explode, e a questão pode, como estamos cansados de presenciar, acabar em morte, catástrofe familiar e até social, de repercussão mundial! Já era de se esperar que a zona de poder mundano fosse extremamente perigosa.

Mas não devemos temer, mesmo porque, não adianta: não há como se proteger da força mais poderosa deste mundo — o desejo. Há apenas que aprender a lidar com ele. Não digo administrar, porque seria muita presunção da minha parte. A receita é mágica, como já mencionei em crônica anterior. E a magia é obedecer a si mesmo.

Compromisso → ajoelhou tem que rezar → confiança (abrir mão de querer que tudo aconteça exatamente como a gente quer) → resultado: magicamente dá tudo certo!

O reverso: quebrar os compromissos, principalmente aqueles consigo mesmo, largar no meio seus propósitos por tudo o que parecer melhor, maior ou mais divertido durante a sua jornada → baixa a autoestima e gera insegurança → dispersão → pisada na bola → muito sofrimento ou mesmo catástrofe!

Espero, leitor, que você tenha entendido a ideia que eu quis passar. Se não, vou procurar me aperfeiçoar da próxima vez. Bom sábado para todos!

FELICIDADE

23/06/2012

Adoro cinema. Sou cinéfila, daquelas obsessivas. Quando gosto de um filme, assisto... inúmeras vezes. Na primeira vez, tenho que prestar atenção na história, saber do que se trata, quem é quem, seguir o fio narrativo. E como termina. Ok.

Se gostei, gostei desde o início. Não sei quem se lembra do Carlos Castañeda e de seu instrutor nas artes da feitiçaria, Dom Juan, um índio dito "iáqui", no México. Certa vez, Carlos queria ler, se não me engano, um poema para ele. Depois de ler a primeira estrofe D. Juan disse que estava bem, não precisava ler mais. E explicou: "O começo de qualquer escrito já dá a dica do seu seguimento e da sua qualidade". Eu testei e passei a acreditar nisso também: a apresentação de um filme já dá a dica toda.

Bem, tem um filme do qual gostei muito, "Amor à queima-roupa" (*"True romance"*, no original), e gosto, há muitos anos. É de 1993, e se não me engano foi o primeiro roteiro do Quentin Tarantino para o cinema de grandes distribuidores.

Tenho vários amigos cinéfilos, graças a Deus. Apresentei o filme para um deles, que também gostou muito, mas não tem a minha memória detalhada para filmes que gosto e cenas especiais. Queria mostrar a tal cena para sua namorada, e vieram ambos ver o tal filme na minha casa. Ou melhor, a tal cena, de um pai que sabia que o filho tinha pegado, por engano, uma mala lotada de cocaína pura no estabelecimento onde trabalhava sua atual esposa, ex-garota de programa da casa. Tinha ido no tal antro para pegar as roupas dela e tal — e matar o cafetão, coisa que não contou para ninguém.

O pai sabia, porque o filho resolveu passar na casa dele e avisar que ia para a Califórnia tentar vender o produto de uma vez só, entre os astros e produtores milionários, para depois viver desse dinheiro com a sua amada. Abraços, beijos, reclamações e reconciliação entre pai e filho, e lá se vai o filho estrada afora.

Apesar de o objetivo ser mostrar o trabalho de dois atores (Christopher Walken e Dennis Hopper), tive que contar essa introdução para eles assim como estou contando para vocês, para situá-los na cena. Se não, muito do valor do trabalho deles ficaria perdido.

A cena é esta: no dia seguinte, o pai está chegando na sua casa-trailer, e mal entra, alguém já lhe encosta um revólver na testa. Havia um gângster de grande calibre dentro do seu cubículo-casa. O pai (Dennis Hopper), macaco velho, já entendeu que a barra está pesadíssima. O gângster chefe (Christopher Walken) é o próprio diabo encarnado. Ele mesmo se apresenta como o anticristo e assassino do próprio pai. Começa então uma conversa-interrogatório, alternando uma conversa aparentemente cordial e civilizada com súbitas pontuações de muita violência por parte do gângster. O pai, entendendo que vai morrer, se falar ou se não falar — e ele não vai entregar o filho —, resolve irritar o gângster de forma tal que este o mate antes de mais alguma tortura. E consegue. No fim do papo, o gângster lhe dá uma rajada de tiros.

O trabalho desses dois atores é magistral, e a cena se dá ao som de "*Sous le dôme épais où le blanc jasmin*" da opera "Lakmé" Ato 2, No 2, dueto composto por Léo Delibes e libreto por Edmond Gondinet & Philippe Gille. É de uma suavidade celestial. Música de anjos. Onde está a felicidade?

Os dois ficaram encantados, mas, especialmente, a namorada, que é uma jovem atriz e nunca tinha visto a cena. Ficou repetindo: "Depois eu quero ver o filme inteiro!"

Meu encantamento com o encanto deles, e principalmente com o dela, foi tal, que depois, contando o fato para um outro amigo, comentei:

— Fiquei feliz durante horas!

Ele retrucou:

— Alegre?

E eu:

— Não. Ainda estou sentindo FELICIDADE. Dura mais ou menos 24 horas nessa intensidade, e depois fica gravada para sempre na memória dos momentos felizes.

A felicidade existe.

Bom fim de semana pra vocês!

É O CAOS!

07/07/2012

No início havia o certo e o errado, segundo fui aprendendo ao poucos em casa, nas escolas e no convívio com os outros. Seguiu-se o bem e o mal. Parecia muito fácil na minha infância. Um dia, na escola primária, esqueci de trazer o dever de casa feito. Oh! E agora? Algum castigo viria na certa, porque o certo era trazer o dever de casa feito! Olhei para os lados e abri a memória. Lembrei de ter visto acontecer o mesmo com outras crianças, e como elas resolviam. Algumas levavam uma bronca vergonhosa da professora na frente de todo mundo. Vergonha. Outras copiavam correndo o dever de casa de algum coleguinha, por bem ou por mal. E iam para a sala de aula com a mais virtuosa cara de pau. Eu não tinha experiência com nenhum desses expedientes, então, a probabilidade de falhar era grande, *pensa rápido, pensa rápido*, já tocou a campainha para entrar!

Como um raio, passou pela minha mente a lembrança de uma menina com quem dei de cara saindo do banheiro e depois não a vi mais na sala, pelo menos não mais durante aquela aula de Matemática, que era a mais temida — pelo assunto e pela professora, de unhas compridas e aduncas, pintadas sempre de rosa, batucando nas superfícies retas.

Dois e dois são quatro, acendeu-se uma luz na minha mente e eu entendi tudo: entrei no banheiro e lá fiquei até a maldita aula acabar. Ninguém notou. Não fui repreendida: saí completamente ilesa.

Daí para frente percebi que essa divisão não era assim tão rigorosa: havia brechas, atalhos, mil formas de se driblar o castigo que vem como consequência do errado e a recompensa como compensação do certo. Descobri tarde: muitas criancinhas já sabiam disso há muito tempo.

Seguiu-se o tempo e as mudanças que o acompanham, até que de repente eu estava no meio da revolução sexual, do feminismo, da queima de sutiãs, *hippies*, cabelos compridos, saias compridas, rock'n'roll, Beatles, gurus indianos, maconha, incensos, meditação, gente largando seus empregos para sair da escravidão do sistema e ir viver no mato, de volta à vida natural. Manifestações contra a guerra e a violência, "PAZ e AMOR!", era o lema. Abaixo as convenções! Liberdade, ainda que tardia!

Não faz tanto tempo assim, não é, caros colegas, e quem sobreviveu ou nasceu depois disso é testemunha do desenrolar dos acontecimentos e ideias até hoje.

É claro que o que era sonho acabou, como vaticinou aquele famoso colega que morreu assassinado em frente à sua casa.

Órfãos de direção e sentido, os idealistas, acompanhados pelos oportunistas, tentaram várias vertentes de ideologias, algumas bastante bizarras: góticos, vampiros; o lado obscuro, perigoso ou secreto, o oposto do sonho, já que este não deu certo.

Agora vale tudo, de alto a baixo em todas as camadas sociais civilizadas. Manchas, borrão e corrupção em qualquer lugar. Muitos falaram e falam, a toda hora, de fim do mundo, de início de Era. Outros buscam freneticamente algo que os conforte ou anestesie, seja uma religião dogmática ou radical, uma droga, um hábito compulsivo.

Legal. Significa que estamos no Caos — o fim da linha; o abismo insondável. Naquele lugar vazio obscuro e ilimitado que precede e propicia a geração de algo novo, realmente diferente de tudo o que já tenha existido antes. É muita mudança! Novo, mesmo!

O que significa que, para começar, seremos forçados a melhorar nosso desempenho como seres humanos. No fim da linha, não há a opção de recusa.

O DRAMA

21/07/2012

Revi, recentemente, um filme do qual na época havia gostado muito. Chama-se "O reverso da fortuna".

Eu havia apreciado o trabalho brilhante dos atores, especialmente Jeremy Irons, num papel muito complexo e ambíguo. O dilema era: matou ou não sua esposa? Ninguém sabe até hoje. Claus von Bulow é um advogado *socialite*, hoje com 85 anos; permaneceu casado com sua esposa, Sunny von Bulow, que viveu em estado vegetativo — por causa de uma overdose de insulina — desde 1980 até sua morte em 1987.

No filme, o que me chamou que a atenção foi a história dela, que é narrada na primeira pessoa. É muito interessante o fato de eles serem milionários, e isso não fazer a menor diferença na história inteira — apesar ser este o motivo apontado para o suposto crime: dinheiro. Ele, que já um homem rico, herdaria uma fortuna dela, que era muito mais rica, mas em momento algum o dinheiro tem participação ativa na história, no drama.

Drama é drama. O cenário pode variar, mas o móvel de qualquer drama são as emoções, as paixões. O fato é que o homem foi absolvido, porque ficou estabelecido no julgamento que ele não pretendia matá-la, não tinha motivos para isso. Num certo momento, ele diz que a ama, assim como a outras duas amantes.

Seu primeiro marido era um jovem mulherengo. Para dar o troco, ela resolveu traí-lo também, mas não foi uma traição fútil, como as do marido: se apaixonou pelo amante, que, aliás, já era um homem muito rico. Mas aí é que entra o drama.

Sua mente, acostumada a pensar ser esse o maior valor possível no mundo onde habitava, concluiu que ele se casara apenas por dinheiro, e passou a se comportar como tal: queria dele apenas a companhia, a maridagem, tinha comprado um marido. Inverteu, portanto, sua paixão; parou de desejá-lo, de encantar-se com ele, de usufruir os prazeres de um amor vivenciado na sua plenitude, para ter apenas um marido. E ali o perdeu, no começo do casamento.

Assim, ambos foram levando a situação por alguns anos, até que ela começou a adoecer fisicamente. Depois foi só uma morte lenta do amor, de um e de outro, como dupla amorosa, e sem sexo há muito tempo, segundo ela afirma no filme.

Ele se rebela: quer viver. E, discretamente, mantém um romance secreto. Com os filhos crescendo, e o surgimento de uma amante do mesmo nível social de ambos, ela julgou que havia perdido o jogo, para sempre. Ele não podia fazer mais nada, porque ela tinha se recusado a ceder diante do impasse criado por ele ao se recusar a ser seu boneco, caríssimo. A certa altura, ela diz: "Com o meu dinheiro, eu posso ter quem eu quiser!"

Tentou encontrar conforto nas drogas lícitas, muitos medicamentos. Ele não a impediu. Por quê? Por que queria vê-la morta? Tinha o plano maligno de matá-la com sua indiferença por que não a amava? Ele a amava, como dissera repetidas vezes. O que ele não disse é que ela é que não o amava mais, porque estava acostumada a se pensar sem valor. Seu valor era só o dinheiro, e se o dinheiro não comprava o que ela queria, para que continuar vivendo?

Esse filme me fez refletir; nesse campo emocional é que se tomam as pequenas e grandes decisões, das guerras sangrentas à escolha de um par para dançar, aqui no nosso mundinho, na superfície do nosso planeta, mesmo das formas mais disfarçadas.

Este é o drama fundamental: tu me amas? Eu te amo? Queremo-nos?

Adeus às ilusões II — O rei está nu!

04/08/2012

Vamos dar mais uma olhada no longo trânsito de Netuno pelo signo de Peixes, do qual é regente, ou seja, com o qual tem grande afinidade — o signo de Peixes é o último do Zodíaco, e, portanto, representa a dissolução de uma era. Netuno é um planeta lento: começou o trânsito em fevereiro de 2012 e dele só sairá em 2026, fechando de vez a era de Peixes.

Já abordei a relação de Netuno com a fé, e agora vou passear por um outro ângulo do planeta: a ilusão.

Quando qualquer ciclo está chegando ao irremediável fim, pede que se favoreça as qualidades de Peixes, signo que representa qualquer fim irremediável. Acabou; ainda mais quando está recebendo a visita do seu planeta regente... Netuno! E quais seriam estas qualidades?

Sendo de água, Peixes é um signo de autoproteção. Pois é para isso que a alma (psique) serve: nos proteger, ainda que a nossa vontade seja a de avançar, forçar a barra, ignorar perigos e avisos; nos faz sentir medo, observar em volta, pedir ajuda, às vezes passando por cima do orgulho. No caso de Peixes, então, a primeira providência a ser tomada é a aceitação. Se não for possível, a resignação serve. Por quê? Oras, aceitar um fato real como tal é o melhor começo, não? Assim saberemos em que terreno estamos pisando e quais são os verdadeiros recursos com os quais podemos contar.

Para dar um exemplo: digamos que alguém acordou, sem saber como, num cômodo de quatro paredes, fechado, com uma pequena entrada de ar no alto, a porta de madeira trancada e alguns objetos espalhados aqui e ali. Depois de alguma movimentação, dependendo do temperamento e caráter de quem está preso, finalmente o tal alguém conclui: estou preso aqui com tais e tais objetos, e isso é tudo o que tenho! Pronto! Já começou a entrar no espírito do sucesso!

Agora, é só usar de seus talentos e recursos naturais para testar, tentar, acertar, errar, repetir, até sair do tal cômodo! E consegue. Com medo, todo mundo é perseverante. Uma vez, ouvi alguém dizer que "ninguém é ateu num naufrágio". Não sei por que (?) me lembrei direto do Titanic, que com toda sua pompa e seu colossal poder, inafundável, aquele nem o próprio Deus, caso existisse, não conseguiria afundar, levou pouco mais de 2 horas para acabar inteirinho no fundo do Atlântico Norte.

Digo isso porque é o que me lembra a situação que estamos vivendo globalmente, a famosa *Kali Yuga*: a vaca está indo para o brejo com todos os seus bezerrinhos.

Entretanto, comandantes acostumados com a potência, com o abuso de poder e a transgressão, investem mais e mais nos guetos dos quais são donos. Na marra, querem nos convencer da majestade das roupas novas do Rei! Tudo novo! Como brilha! Ofusca, de tanto fulgor!

Portanto, quanto a nós — e falo com os que não pertencem a esses guetos de ouro —, é aconselhável agir como o sujeito preso no cômodo fechado: ter paciência e depois pegar um bom sol aqui fora, num mundo muito mais limpo e cheiroso.

Um artista nunca é pobre

01/09/2012

Sobreviver de arte, fazer da arte seu ganha-pão: uma escolha sempre considerada muito difícil, melhor escolher aquelas profissões e ofícios em que se pode ter um emprego com carteira assinada, direitos trabalhistas e aposentadoria.

Entre os que optaram por fazer arte, ouvem-se muitas histórias do cara que é pintor, poeta, escritor, por exemplo, porque teve as costas quentes, pai rico ou equivalente. Ou então o fulano tinha (porque o jogo só acaba quando termina... rs) um talento extraordinário, especial, que teve que ser reconhecido e bem pago. Ou sorte, mesmo. Depois, outras, da velhice falida de algum grande artista... Afinal, viveu demais e a velhice chegou, com suas agruras.

Um dia aí dessa semana, e isso me acontece de vez em quando, acordei com uma frase na cabeça: "Um artista nunca é pobre". Investiguei, investiguei e acabei encontrando sua origem: foi retirada do filme "A Festa de Babette", filme dinamarquês baseado no romance de Isak Dinesen, que ganhou o Oscar de melhor filme estrangeiro em 1988 e a que já assisti várias vezes.

Resumindo ao máximo: em 1871, num vilarejo na Dinamarca, chega uma senhora francesa fugida da guerra em Paris, na qual tinha perdido tudo, a conselho de um antigo amigo de duas beatas que lá sempre tinham vivido e pedira que a acolhessem. As senhoras eram pobres, mas tudo se ajeitou e a francesa ficou lá até ganhar um dinheiro numa loteria e resolver gastá-lo todo no jantar do que seria o aniversário de 100 anos do falecido pastor, pai das duas.

Ao final do que foi um banquete para os olhos, visão e paladar, as senhoras ficaram pasmas com o gesto da francesa: então seria pobre para o resto da vida... Ao que ela responde: "Um artista nunca é pobre... um longo grito do coração dos artistas ecoa no mundo: me dê a oportunidade de dar o melhor de mim!" E uma das senhoras comenta que sente que isso não é o fim: como ela há de encantar os anjos no Paraíso!

Fiquei muito emocionada, porque eu também tinha essa ideia de que arte é só para situações e pessoas com alguma oportunidade a mais na vida do que as pessoas comuns; mas me lembrei de outro artista que não teve nada disso, pelo contrário: Arthur Bispo do Rosário, que após um surto com alucinações e delírios aos 29 anos foi detido e fichado pela polícia como negro, sem documentos e indigente; internado na Colônia Juliano Moreira, onde recebeu o diagnóstico de esquizofrênico-paranoico, lá permaneceu por 50 anos.

"Em determinado momento, Bispo do Rosário passou a produzir objetos com diversos tipos de materiais oriundos do lixo e da sucata que, após a sua descoberta, seriam classificados como arte vanguardista e comparados à obra de Marcel Duchamp", diz a Wikipédia.

Tive a felicidade de ver a exposição das obras dele, depois de morto, no Parque Laje. Na apresentação do artista, na entrada, constava, entre seus dizeres que ele "ia criar o Universo". O esplendor da exposição foi tal que na saída me sentei para chorar, com uma amiga, porque ele realmente tinha criado o Universo!

Agora, refletindo, penso que arte é o que nós estamos sempre fazendo por gosto, muitas vezes procurando uma ocupação rentável em outro lugar. Como disse Babette, não há pobreza em dar o melhor de si. Não é necessário procurar ganhar dinheiro. Dar o melhor da cada um no que fazemos nos trará abundância, e seremos artistas seja lá do que for.

Como disse um general que prestava contas consigo mesmo sobre as escolhas que tinha feito na vida durante o jantar, apaziguado, num pequeno discurso sobre a Graça que começa com o mantra dos velhinhos: "Piedade e verdade se unem. Justiça e paz se abraçam".

Bom fim de semana pra vocês!

O Sacro Ofício

15/09/2012

Há tempos tenho me debatido com uma questão muito sensível para mim, a minha alimentação. Vejo na mídia como os animais para abate são criados e finalmente mortos e fico horrorizada, até o fundo da minha alma. Totalmente horrorizada. Angustiada. Angustiada porque, apesar de diminuir o meu consumo de carne vermelha (?), não opto por me tornar vegetariana nem fazer qualquer outro tipo de variante de alimentação que me diminua a culpa pela comilança de animais, que são tratados como produtos para indústria e comércio, assim como frutas, folhas, árvores, minério, produtos fósseis... Destes, falo mais à frente, prometo.

Lembrei-me então, como já mencionei em outra crônica, que me aproximei mais de duas religiões, para me orientar o espírito e sossegar a alma: o judaísmo, por conversão, e o candomblé, por medo.

Segundo a lei judaica, a alimentação está sujeita a várias restrições; uma delas, com relação à morte e preparação da carne para ser considerada *Kosher* (em hebraico, "bom", "próprio", "justo" e "correto") e poder ser ingerida, é que o animal tenha sido morto por uma pessoa treinada — *shochet* — para executar a morte de modo que o animal não tenha sofrido ao morrer. Isso impede um judeu de caçar animais, ou comer algum que tenha sido morto por outro animal.

Ah. Apesar de ter me convertido ao judaísmo, jamais pratiquei seus rituais. Preferi ficar em cima do muro, inicialmente confortável por não ter nenhuma religião, mas sim acreditar num Deus que do Caos extraiu a existência, assim, bem sem compromisso.

Quanto ao candomblé, foi mais ou menos a mesma coisa. Por medo, como já disse, segui o conselho do babalorixá que havia consultado e me prontifiquei a fazer um ritual chamado *bori,* para começar a me harmonizar com o meu Orixá. *Tranquilo,* pensei.

O ritual era dividido em várias partes, tudo tranquilo, até que fiquei sabendo que a última parte, que seria realizada à noite, incluiria o sacrifício (sacrifício, ou *sacro-ofício,* quer dizer: tornar sagrado) de um bodinho pequeno, que seria realizado numa casinha do lado de fora do Ilê (a casa templo em si).

Então eu vi o bodinho, tremendo de medo — ele e eu. Esbocei uma reação que não concluí, porque o babalorixá disse: "Não pode chorar". E pegou a cabeça do bodinho com seus olhos assustados, encostou sua testa na minha e mandou que eu dissesse: "A lei que tira a tua vida é a mesma que tirará a minha vida um dia". Sem chorar nem olhar, o sacrifício foi feito, o bodinho não emitiu um som, porque foi morto por um Axogun, que não pode deixar o animal sentir dor ou sofrer porque a oferenda não seria aceita pelo Orixá. Tampouco continuei a frequentar o candomblé, apenas mantive todo o respeito, como quanto ao judaísmo, sabendo que essas duas experiências haviam marcado a minha alma.

Agora, passados muitos anos desses acontecimentos, me encontro novamente em meio aos vários movimentos em favor de parar com a crueldade para com os animais, domésticos ou comestíveis.

A crueldade. Só vou citar uma, *light:* galinhas poedeiras e codornas passam toda sua breve vida dentro de uma gaiolinha do tamanho delas — luzes acesas dia e noite para que ponham ovos sem parar — de modo a alcançar a comida e pôr os ovos.

Me lembrei do meu pai, que já criou galinhas poedeiras em enormes galpões, soltas. Mal ouviam o ronco de papai chegando na fazenda se alvoroçavam todas, até papai, que as amava de paixão, entrar no galpão, distribuir ração nos comedores, lhes falar e fazer carinho enquanto elas lhe davam bicadinhas nas calças, correspondendo.

Para mim, a questão já ultrapassou em muito o come-não-come carne vermelha, branca ou outra qualquer. Encontrei novamente o pecado mortal, que ganha cada vez mais adeptos na humanidade: a ganância. Mortal, porque exterminará a humanidade e tornará o planeta um deserto — agora volto a falar da ganância para com os frutos da Terra: água, frutas, árvores, minério, produtos fósseis etc. E, por trás dela, a soberba, que nos faz pensar que somos donos do mundo, a nata da criação, portanto, agraciados com alucinados privilégios.

Esta crônica vai ficar sem fim, acho. Quanto a mim, trato de me empenhar em descer do maldito muro da hipocrisia como puder, e tomar o lado da ética do *Kosher:* "bom", "próprio", "justo" e "correto".

Como puder, porque, obviamente, estou longe disso: como falei tanto de galinhas, de grão em grão, através do sacro ofício de agir como considero correto e arcar com as consequências do que faço. Ufa.

LILITH — A NOITE DOS TEMPOS

22/09/2012

Sempre fui apaixonada pelo Universo — as fotos dos grandes espaços, das galáxias, nebulosas planetas estrelas, tudo rodando e parecendo solto no espaço à minha volta, um espaço que parece infinito... Ah! A sensação de liberdade é avassaladora. Um infinito espaço negro, só visto à noite.

Nós humanos, aqui, vivendo esses mistérios da noite — não bastassem os mistérios do dia, estes bem mais perto, aqui, na nossa terra, no nosso chão, onde pisávamos. Acessíveis, sem que tivéssemos que inventar instrumentos e apetrechos mais sofisticados, ou demorasse muito.

"À noite, porém, todos os gatos são pardos...", diziam.

E a nossa alma, em crescimento desde que nascemos mesmo depois que nos tornamos adultos, essa nossa alma, Psique tomada dos gregos, está e sempre esteve exposta ao impacto de todos esses mistérios. Sim, pois enquanto não entendemos, não nomeamos algo, é como se ele não existisse: mamãe, papai, vovó etc. E sobre o que a gente não entendia, para que não ficasse um buraco amedrontador de não entendimento — como o escuro, onde não se divisa o que nele há —, o impulso de sobrevivência, sem o qual teríamos desaparecido, nos contava histórias. Inventava mitos.

Logo cedo nos contavam. E me parece que todas as culturas criaram mitologias para explicar as chuvas, enchentes, trovões, secas, fome. Os deuses, como invisíveis e impalpáveis habitantes do desconhecido, foram criados na nossa alma e muitas vezes materializados, para receber pedidos e oferendas.

Lembro novamente que estamos no meio de um espaço imensurável, soltos. E de onde teria tudo isso vindo? Várias filosofias e religiões têm suas explicações, mas me agrada mais aquela dos gregos, que diz assim:

Por *Junito Brandão*, CAOS: "No princípio era o *Caos*, em grego *Kháos*, que significa 'abismo insondável'. Consoante outros, *Caos* é 'a personificação do vazio primordial, anterior à criação, quando a ordem ainda não havia sido imposta aos elementos do mundo'".

No *Gênesis* hebreu 1,2, diz o texto sagrado:

"A terra, porém, estava informe e vazia, e as trevas cobriam face do abismo, e o Espírito de Deus movia-se sobre as águas". Trata-se do Caos primordial, antes da criação do mundo, realizada por Javé a partir do nada.

Na cosmogonia egípcia, o Caos é uma energia poderosa do mundo informe e não ordenado. Existia antes da criação e coexiste com o mundo formal, envolvendo-o numa imensa e inexaurível reserva de energias, nas quais se dissolverão as formas nos fins dos tempos.

Voltemos para a nossa alma. Esta toda-poderosa matriz de energia caótica, anterior à criação, associou-se sempre ao elemento feminino — porque é de onde tudo nasce — e à noite, às deusas lunares, aos mistérios e feitiços, sortilégios. E a tudo o que não está inserido no mundo ordenado, ou até onde a nossa mente conseguiu ordenar.

Nossa alma criou as superstições, como uma graxa grossa de defesa, para que pudéssemos suportar as arestas da vida, suavizá-las, torná-las passíveis de convivência sem nos matar ou enlouquecer no caos psíquico. São as primeiras iniciativas de ordenar nosso psiquismo, nossas emoções.

As superstições foram se aprimorando. Com o desenvolvimento humano, demos adeus a várias delas. Na astrologia, usamos um ponto que representa essa noite dos tempos: a Lilith, nome que veio da Lulu ou Lilu da Babilônia, e *Laila*, que significa noite em hebraico. Representa um ponto vazio no nosso sistema solar relacionado com a Lua: é lá que estão nossos terrores, mas também a sabedoria intuitiva de quem já viu universos nascerem e morrerem.

Para terminar, o início de uma ode à noite, por Fernando Pessoa:

Vem, noite antiquíssima e idêntica,
Rainha nascida destronada,
Noite igual por dentro ao silêncio, Noite
Com as estrelas lantejoulas rápidas
No teu vestido franjado de Infinito.

E isso é só o começo! Bom fim de semana pra nós!

INOCÊNCIA

06/10/2012

Há pouco tempo encontrei no Facebook com uma joia de valor incalculável para mim: uma rara entrevista com Freud, concedida ao jornalista americano George Sylvester Viereck em 1926. Sigmund tinha 70 anos e usava uma prótese no maxilar superior, que necessitou ser operado por causa um tumor maligno.

Entrevistando um homem nessas condições, ou seja, já vislumbrando a barca de Caronte, George perguntou se Freud acreditava na persistência da personalidade após a morte, de alguma forma que fosse. Ao que este respondeu: "Não penso nisso. Tudo o que vive perece. Por que deveria o homem constituir uma exceção?"

Seguindo com a entrevista:

> No começo, a psicanálise supôs que o Amor tinha toda a importância. Agora sabemos que a Morte é igualmente importante. Biologicamente, todo ser vivo, não importa quão intensamente a vida queime dentro dele, anseia pelo Nirvana, pela cessação da "febre chamada viver", anseia pelo seio de Abraão. O desejo pode ser encoberto por digressões.

Brinca: "seria mais possível que pudéssemos vencer a Morte se não fosse por este desejo, *aliado* da Magra, dentro de nós."

Estou pegando pesado, eu sei, mas já vou aliviar. Minha intenção não é falar sobre Morte, mas sobre os efeitos malignos da ignorância. É que por outra mídia encontrei e encarei a leitura do lançamento de um livro de um psicólogo americano chamado Michael Shermer, *Cérebro & crença*, da Editora JSN, um debate sobre razão e religião.

É claro que o cientista, defensor radical do pensamento científico, estuda há três décadas os mecanismos neurológicos que fazem as pessoas acreditarem em coisas tão diferentes quanto Deus, milagres, fenômenos paranormais, ETs, astrologia, demônios ou anjos. A explicação é única: as crenças são adquiridas desde muito cedo, e o cérebro aprende a usar suas capacidades racionais para justificar tudo em que se crê.

Ora, qualquer neurótico que se preze faz isso o tempo todo. Quer levantar cedo, mas... Ah! hoje posso chegar mais tarde no trabalho. Quer emagrecer sem parar de comer, ganhar dinheiro sem trabalhar, é só essa vez, juro etc., tudo isso apoiado por justificativas e explicações aparentemente superplausíveis; só o automentiroso sabe o quanto custa elaborá-las! E por que o coitado + ou − delinquente faz isso?

Porque não é mais inocente. Tendo tomado a *consciência* — a contragosto, porque vem junto com responsabilidade — de um bocado de comportamentos seus que obviamente o levaram para o brejo — porém, ele queria muito ir lá —, mentiu para si mesmo o famoso "desta vez vai ser diferente!"

Na aurora do século 20, Sigmund Freud já tinha estudado tudo isso: o inconsciente e suas mil e uma manhas para convencer o sujeito e não mais *indivíduo: ele está sujeito à Lei, mas é divisível e completamente* automanipulável até cansar de quebrar a cara e resolver ir aceitando, aos trancos e barrancos, que não pode fazer tudo o que seu desejo, seja de vida ou de morte, manda.

Quando o entrevistador pergunta a Shermer se uma das conclusões de *Cérebro & crença* é que o cérebro mente para as pessoas... ele diz que sim! "Nosso cérebro age como um advogado num julgamento, *montando evidências a favor de seu cliente, que nesse caso são nossas crenças*, e ignorando ou recusando todas as provas que não se encaixam ou derrubam essas crenças." (grifo nosso)

Justamente! Isso acontece desde o homem primitivo: ele mesmo nos conta como já fazia suas manipulações e se enganava a rodo.

Só resta colocar o cientista numa máquina do tempo, feita nos moldes da mais moderna tecnologia, e apresentá-lo ao mesmo velhinho doente que concedeu a entrevista citada lá ano começo!

Bom fim de semana pra vocês!

A Esperança

03/11/2012

Um dia desses eu estava colada no Facebook e dei de cara com um vídeo de "Cajuína", uma música que adoro do Caetano Veloso, embora não tivesse a menor ideia do que fosse a tal cajuína.

Tratava-se de uma parte do programa "Altas horas", comandado pelo Sergio Groissman. Ele estava entrevistando uma menina, que tinha duas perguntas a fazer para o Caetano, justamente sobre o que era a tal cajuína e qual era história de música, porque ela não tinha entendido bem.

Nem eu. Sempre adorei a música, mas nunca soube uma coisa nem outra. Fiquei atenta. Ele começou contando que seu amigo Torquato Neto, que era seu parceiro na Tropicália, tinha morrido em 1972. Suicidou-se. Na época, não estavam muito próximos. Disse que tinha conhecido o pai dele (do Torquato, que era de Teresina). Falou que tinha ido a Teresina algumas vezes; e que numa dessas encontrou o pai. Quase não falaram nada, o pai o convidou à sua casa para servir-lhe uma cajuína — aí eu descobri: é um suco de caju sem álcool — e Caetano começou a chorar muito, até convulsivamente, e ele, o pai, o consolava, ele comentou que parece que os pais eram espíritas.

Num momento o pai o deixou sozinho na sala, só ele e a cajuína, e trouxe uma rosa-menina para ele, dum pé de rosa-menina que tinha no jardim. E por isso ele fez essa música.

Aí veio um papo furado para descontrair, no que houve êxito. No meio do papo furado, subitamente, ele começa a cantar a música, assim, sem avisar, sem apresentação, deslizando na conversa normalmente. É uma letra muito curta, e eu me autorizo a repeti-la aqui:

Existirmos: a que será que se destina?
Pois quando tu me deste a rosa pequenina
Vi que és um homem lindo e que se acaso a sina
Do menino infeliz não se nos ilumina
Tampouco turva-se a lágrima nordestina
Apenas a matéria vida era tão fina
E éramos olharmo-nos intacta retina
A cajuína cristalina em Teresina.

E por que conto essa história linda?

Porque no último dia 19 de outubro, uma sexta-feira, recebi um telefonema dizendo que uma das minhas amigas mais próximas, mais íntimas, havia falecido.

Olha, é um soco bem na boca do estômago. Chorei. Chorei. E não sou de chorar.

Tomei um baque forte no meio do meu peito. Depois comecei a chorar também. Aí, lembrei: "Existirmos, a que será que se destina..."

A que será que se destina... E alguém me perguntou como foi e tal, me lembrei, a parte da história dela que eu sabia. É claro, depois de onze anos de conversas diárias, travessuras e mais travessuras, gargalhadas de rolar, segredos sombrios compartilhados, vergonhas... abraços, consolo e todo o desenrolar de uma vida que, de repente, vi que se parecia com todas as outras que eu tinha ouvido contar por aí tantas vezes... parecia tudo a mesma história, até quando a morte punha um ponto final nela. E deixa dor, depois saudade, e depois volta o amor e ocupa o seu lugar no coração de quem fica na estação, vendo o trem partir. Por instantes, parece que o mundo se calou. E agora? Como viver?

Bem, pelo menos ainda não foi a nossa vez. E com dor ou sem, damos um passo, outro, surgem ideias... Ué, de onde veio esse impulso? Da Esperança, que não para, que não passa; que "dança na corda bamba de sombrinha/... a esperança equilibrista/ sabe que o show de todo artista tem que continuar!" (João Bosco).

Bom fim de semana!

Quando o amor acontece

17/11/2012

Novamente, o cinema. Tenho em casa filmes que comprei, para assistir livremente e jamais ter que devolver na locadora. O primeiro deles foi "O paciente Inglês", que ganhou nove Oscars, incluindo o de melhor filme, em 1996. Assisti incontáveis vezes, inteiro e aos pedaços, por causa do encantamento que me causava, sem perguntar por quê. Era uma história de amor, sempre gostei de histórias de amor, mas era justificativa insuficiente. Deixa pra lá.

Depois, vieram outros para ocupar o lugar do "filme para ver antes de dormir". É de se esperar que o clássico "Casablanca" esteja entre eles. Está. Até que, recentemente, enquanto revia Casablanca, comecei a perceber as semelhanças: clima desértico, muito sol, calor, a 2ª Guerra Mundial já lançando sua sombra negra, cada vez mais próxima dos personagens, que não estão diretamente envolvidos porém mantêm algum vínculo com ela e tal.

Em "Casablanca", um casal que se apaixonou em Paris no início da guerra se reencontra por acaso no Marrocos — ela agora casada com um herói da resistência, tornando pois o que seria o "felizes para sempre" num ressentimento feroz, dele, e contenção, dela, no encontro do presente. No "Paciente", ele faz mapas do norte da África com um grupo de exploradores do local por motivos diferentes. De onde estão, precisam de aviões, daqueles primeiros, pequenos, para as distâncias maiores. Em ambos, os aviões são um personagem silencioso à parte.

O "Paciente" dá sinais de incômodo com a chegada do casal. Diz que são desnecessários. Depois de uma volta para mostrar a região ao casal, um círculo de vinho e histórias à noite, fica sabendo que o marido vai voltar ao Cairo por uns dias. Não gosta, e fica atento. Pela manhã, vê o marido se despedir da esposa — logo, ela vai ficar. Ainda se arrisca a chamar o marido e perguntar se não seria melhor levá-la junto. Negativo. De perto do avião que vai partir, ele olha para ela de pé, perto das tendas. Ela olha naquela direção. É aí que ele então percebe que está atado àquela mulher pelas vísceras. O amor já aconteceu, sem pedir licença.

Em ambos os filmes há uma separação do casal, forçada por poderosas circunstâncias, e os dois casais se reencontram anos mais tarde. O reencontro incendeia rapidamente a ligação inquebrável entre os dois casais, em uma circunstância que torna impossível o final feliz da união entre pares. Sofrem todos. Aproxima-se uma perda ainda mais dolorosa, pois estão cientes de que se amam e, portanto, se amarão para sempre, mas serão definitivamente separados.

O amor, porém, quer se mostrar. Quer ser vivido assim como ele é, continua implacável. Parece um sentimento, mas é uma força. Acontece quando não há empecilhos e flui sem desvios, abrindo o coração dos participantes para ver o sagrado no outro. E é claro que é eterno.

Assim, no caso do "Paciente", há um acidente e ele a toma nos braços e repara que ela está usando um cordão típico do Cairo, presente dele, com um pingente que é um dedal cheio de açafrão. Ele fica surpreso, e ela diz que sempre o usou. E arremata dizendo que sempre o amou. Ela morre, mas o amor dela se se instala, eterna chancela feliz no coração dele.

Em "Casablanca", ela faz de tudo para conseguir os dois vistos de saída para Lisboa, a salvação dela e do marido, inclusive lhe apontar um revólver. É claro que não consegue atirar, e acaba confessando que está confusa porque é a ele que ama, mas não pode abandonar o marido, o corajoso líder da resistência francesa, que ficaria acéfala e certamente deixaria muita gente entregue à morte! É demais para ela, que pede que ele decida pelos três. De posse do amor dela, ele até volta a ser o idealista que um dia foi, e entrega os vistos da fuga. Ela fica feliz, porque também amava o marido, e ele, porque ficou sem ela, mas recuperou o amor dela, que também se instala, eterna chancela feliz no seu coração.

Bom fim de semana!

FARINHA DO MESMO SACO

01/12/2012

Volto a uma já mencionada entrevista com Freud, concedida ao jornalista americano George Sylvester Viereck. Nela, Freud menciona que, no começo, "a psicanálise supôs que o Amor, impulso de viver, tinha toda a importância. E que agora sabíamos que a Morte é igualmente importante. Biologicamente, todo ser vivo, não importa quão intensamente a vida queime dentro dele, anseia pelo Nirvana, pela cessação da 'febre chamada viver', anseia pelo seio de Abraão".

Realmente, muitas vezes me sinto plena de energia, determinada, forte, capaz de enfrentar a Vida, de curtir a vida, de me deixar encantar com as pequenas belezas de todo dia, me encher de sentimentos os mais variados, que dão sentido ao fato de eu estar viva! Penso no futuro, tenho coragem de reconhecer os erros do passado, que me custaram sangue, suor e lágrimas, às vezes quebrei a cara em tantos caquinhos que julguei impossível reuni-los para formar um rosto novamente, refazer uma identidade! Noutras, fui tão longe nessa minha vontade de viver tudo que me perdi, caramba, não sabia mais como voltar... Aliás, do que falava mesmo? O que pensava? Onde estou? Quem sou? Mas a vontade de viver era tanta, que me puxou de volta do abismo fatal de morte ou loucura.

Às vezes, viver doía tanto que o canto de sereia da Morte tentava me seduzir... Vem pra cá, aqui nada vai te machucar... Você vai poder ficar descansando eternamente se quiser, querida, meu amor... Sim, Morte é uma grande sedutora, finíssima, chiquérrima, aconchegante. Ah, tudo o que eu queria era dormir um ano inteiro, descansar até parar a dor e o cansaço; não fazer nada, não ser responsável por nada, portanto, sem culpa. Fugir da pressão que é viver. Fechar os olhos e só ver minhas fantasias de maravilhas. Que amor, que nada. Ninguém me ama, ninguém me quer.

É nessa hora que vem, de fora, um aliado da vontade de viver, e dá um tranco em quem está nesse transe e pergunta: quer morrer? Pode levantar e ir lavar a louça, pagar as contas, dar atenção aos seus filhos, a seus pais aos seus amigos, a você que está aí largado nessa cama feito um pano de chão. "Mas não consigo...", diz o falso moribundo, "não tenho forças..." E o aliado de fora ordena então: vai se tratar, tomar um remédio, fazer ginástica. Aí, eu te juro que essa dor passa.

Já aconteceu comigo! Então, a vontade de viver, de dentro do coitado, aceita a mão estendida da sua aliada, a Vida de fora força o falso moribundo a dar um passo para se levantar da cama, da lama. Mais um, e vai se arrastando até achar graça na vida novamente. Ficar feliz! Respirar! Rir! Gargalhar! Olhar para o passado e dizer "cruz--credo, nunca mais quero voltar para aquele inferno!"

E trata de procurar meios e modos de se manter ali. Faz a sua manutenção de bem-estar do modo que for mais conveniente: terapia, religião, autoajuda, mútua-ajuda ou outros. Simpatiza com tudo o que é bom, belo, sensato, amoroso, calmante, harmonizante... Até que começa a ficar, aos poucos, de saco cheio dessa estabilidade tão, tão... sem graça.

E agora? Tenho sido bom, agido corretamente, controlo meus maus humores, estou num estado de elevação tal que se alguém me dá um pisão eu é que peço desculpas! Compreendo os motivos de todos, acolho, consolo, e, mesmo assim, começa a surgir um enjoo sinistro, e que vai aumentando! Vai chegando o mau humor, que pode me levar a chutar o balde da disciplina e pagar qualquer preço para me divertir, rir e gargalhar novamente sem limites!

E este modo de viver pode virar uma roda-viva, ora no alto, ora no baixo. E com o tempo, a dor vai aos poucos aumentando, lentamente, outra vez. E o caminho parece ser voltar à cama, à lama.

O que houve? Faltou o parceiro — não o oposto — do amor: a raiva. A raiva é o nosso sistema proteção. É ela que usamos para manter a disciplina interna, conosco mesmos, mas também para nos proteger dos perigos e abusos do mundo externo. Se me der um pisão de propósito, vai levar pelo menos um empurrão, também de propósito.

É por isso que todos os que pensam que se tornarem santos os manteria livres da luta e da responsabilidade para manterem seu bem-estar e alegria, acabam irados com todos os outros que não estão sofrendo ou parecem não sofrer. Amor e raiva estão entrelaçados no objetivo de manter a nossa vida. São a própria força de vida, farinha do mesmo saco, parceiros. Sua função é manter, desenvolver e aprimorar o que está vivo. Seja com amor, cuidado, carinho, ou com porrada, humilhação, depressão, angústia, dor. Às vezes precisamos ser provocados, espicaçados, desafiados, humilhados para sair do sonho da paz eterna. Como já dizia Gonçalves Dias:

"Não chores, meu filho; Não chores, que a vida/ É luta renhida: Viver é lutar./ A vida é Combate, que os fracos abate,/ Que os fortes, os bravos, só pode exaltar."

É O FIM DO MUNDO!

15/12/2012

Que mundo?

Fiz uma pesquisa modestíssima. Recolhi: "universo", séc. XII; do latim *mundus*. Depois, vêm várias acepções, que vão desde: a totalidade dos astros e planetas; firmamento, universo; o cosmos; o planeta Terra; totalidade do que existe na terra; raça humana; totalidade das pessoas; humanidade. Universo de todas as realidades existentes ou imaginadas. População em geral; povo. E até... limpo — o oposto de imundo!

Com uma conotação filosófica, encontrei: totalidade integrada e coerente na qual habitam todos os objetos materiais, seres e realidades existentes; universo, cosmos.

São coisas diferentes. Qual desses está, vira e mexe, prestes a acabar?

Como já mencionei em crônica anterior, o Amor, o impulso de viver, de vingar, de querer, de realizar, de crescer, de progredir, nunca está sozinho. Está sempre acompanhado da sua contraparte, sua alma gêmea, a Morte, o Fim, o descanso eterno que imaginamos que existia antes de nascermos; queremos, com a mesma volúpia, voltar pra casa, ao encontro de tudo que parece ser com o passado, a casa, a origem, Eu mesmo!

Este desejo de morte geralmente cresce e se fortalece numa pessoa por uma única razão: a conclusão de que não tem mais saída para aliviar um mal-estar que é dela. Como peças de uma coletividade, é quando sentimos que aquela sociedade, aquele grupo em que vivemos se corrompeu de tal forma que não há mais como reverter a situação e caminhamos para o desregramento total. Do qual somos cúmplices, pelo menos com a nossa indulgência, medo ou silêncio, social ou político.

Já conhecemos esse filme: a queda de grandes civilizações (Egito, Roma), de grandes impérios e de grandes nações se deu sempre pelo mesmo motivo: corrupção incontrolável, impunidade e abuso das autoridades. A inversão total de valores domina exata e diretamente o poder.

Não sou historiadora. Falo só do que ouço, vejo e sinto.

Não tendo a quem recorrer, vendo a bola de neve da destruição e a impunidade dos poderosos crescer sem freios, nos sentimos totalmente impotentes. A vida fica muito difícil em tempos como estes. É uma luta feroz, cansa. Os problemas se acumulam e as soluções escasseiam, então, muitos desejam acabar com aquilo tudo! Mas não desejam morrer de verdade. Sonham que os outros, os poderosos, sejam capazes de acabar com este "mundo", que é o nome do lugar onde habitamos, seja ele qual for. Para que alguns eleitos sobrevivam, e aí sim, sejam capazes de criar um "mundo" melhor, de justiça e igualdade; e respeito aos valores que os farão retomar a paz de espírito e o gosto de viver.

Este estado de coisas me faz lembrar uma cena do filme "Titanic", em que o navio já está naufragando como uma imensa agulha para um abismo aquático negro e profundo. O navio está embicado e parado. Vai finalmente afundar. Então, uma mulher da 3ª classe (pobre) que está segurando num ferro e com o filho na mão olha para aquele panorama e diz a ele: "Vai terminar logo", para consolá-lo e a si mesma. E o navio afunda.

É esta mesma a sensação de alguns, lutando pela sobrevivência neste "mundo" em decadência onde estão. E então, se juntam em grupos e começam a encontrar datas e profecias nos escritos antigos, ou nas últimas descobertas da ciência, para justificar a sua certeza (desejo) de que o mundo vai acabar. E saem a alertar "aqueles que sabem ouvir".

Eu penso que o "mundo" não vai acabar agora. Mas vai ter que mudar radicalmente, a começar pelo comportamento das pessoas, pois que o "mundo" é o reflexo do nosso interior, enquanto coletividade. Eu já estou nessa.

Bom fim de semana pra vocês!

O NOME DO BOI

Existe uma figura sinistra que aparece nas religiões, desde as mais antigas até as contemporâneas, à qual é atribuído um enorme leque de nomes. Para não ficar enrolando muito, vou falar do Diabo, ou Satanás, porque foi e ainda é um dos maiores *pop stars* do planeta. Falando aqui das imediações onde habitei e habito, quer dizer, procurando apenas no saber circunscrito com o qual tive contato e achei que entendi: todo mundo tem uma ideia do que seja o Mal, o que causa dano, o que machuca, e, eventualmente, mata.

Coisas ruins acontecem. Às vezes são catástrofes da Natureza, mas a maior parte delas causada pelos próprios seres humanos. Cada um tenta se safar como pode da dor e do sofrimento, seja interno ou externo.

O pensamento humano já se desenvolveu muito, já deu voltinhas e mais voltinhas, foi e volta tentando compreender a si mesmo e à circunscrição que habita no Cosmos, lá até onde a visão tele e microscópicas alcançam. Porém, olhando de perto, ninguém consegue manter por muito tempo uma sensação de satisfação, de paz interior. Pode conseguir uma tépida resignação, no máximo.

Quando estamos relaxados, felizes, alucinamos que esse estado vai durar para sempre. Deveria! Afinal, é o resultado de certas vitórias, conquistas, trabalho, renúncias. Mas, sorrateiramente, começa a ficar chato.

Todo mundo sabe quando a vida começa a parecer uma repetição chata de acontecimentos que dão certo. Ao olhar para o lado, vê a manada resignada porque não quer ter problemas, então atura até o seu limite o vaivém da feliz repetição. É então que, para começar, surge no meio dos pensamentos um esquecimento das grandes agruras que passamos, por nossa própria decisão ou distração. Fumamos maconha, não fumamos maconha, fizemos amor livre, fizemos amor de verdade, eventualmente nos machucamos; desobedecemos regras. Alguns exerceram transgressões que se aproximaram perigosamente da tênue linha que separa a transgressão do crime, e foram conhecer a marginalidade por dentro: dentro da cadeia.

Basta o começo: ter sido algemado com as mãos para trás por policiais truculentos e babando de vitória, deve ser inesquecível; deve plantar uma raiva difícil de desbotar...

Por que, meu Deus, por quê?

Porque é necessário. O equilíbrio mantido acaba por levar à morte, que é a cessação de movimento, ao fim do existir, porque só existe o que precisa ser aperfeiçoado.

Por isso é que do mesmo lugar de onde surgiram nossos mais sublimes pensamentos, ideias, resoluções benignas, deste mesmo lugar a voz muda de tom e começa a sugerir que estamos encaretando, nos domesticando, virando vaquinhas de presépio. Onde está a nossa honra, nossa coragem, nosso êxtase, nossos arroubos, nossas pernas tremendo de desejo, o coração batendo acelerado, a esperança ansiosa de alguma maravilha que está prestes a acontecer? Corre, corre, corre...! Arfa, baba, geme, delira, se entrega a prazeres indescritíveis... — sussurra o Tentador, o "Anjo Mau", o "Pai da Mentira", o "Trapaceiro", o Traidor sofista. Mentimos na maior cara de pau para nós mesmos, autossabotagem legítima, quando queremos justificar o que quer seja para obter o que desejamos urgentemente!

Alguns religiosos descrevem com perfeição quando alguém já se perdeu: deu ouvidos ao Astuto, Encantador e Pérfido Mentiroso, que é cada um de nós mesmo, e por isso conhece todos os nossos caminhos e sabe perfeitamente se insinuar em nós através dos nossos sentidos, da fantasia, da autocondescendência, da lógica e até da mais fina filosofia para nos induzir a desvios. Ele é tão inocente na aparência quanto os conformes com nossas profundas e verdadeiras aspirações.

Os demônios procuram arrastar ao inferno almas (psique) humanas. É o Diabo, então! Satanás! Tão necessário para o nosso crescimento quanto as falhas às quais se refere, na orelha do seu livro mais recente, o premiado físico Marcelo Gleiser — *Criação Imperfeita* (não li o livro e nem sei quais são essas falhas). Ele diz: "O desequilíbrio estimula a criação. Sem assimetrias e imperfeições não estaríamos aqui: o universo não teria nada além de radiação".

Assim, a gente já pode se ligar e criar um alarme que tocará todas as vezes que a maré estiver mansa demais, ou mansa há muito tempo; quando ideias bestas crescem e ganham valor na mente; ou quando estivermos no meio de qualquer dor ou tumulto, interno ou externo. Trata-se apenas de manter o movimento da existência, o que é uma redundância — existência é produto do movimento. E podemos sempre melhorar este movimento a favor do nosso bem-estar interior.

Mania

19/01/2013

Tenho uma mania, que, pessoalmente, considero muito estranha. É um ato que repito praticamente todos os dias, quero dizer, todas as noites, há alguns anos.

Já disse antes, mas repito, sou cinéfila de paixão. No tempo do VHS alugava fitas regularmente nas locadoras perto de onde morava, era aquela boa cliente que gasta uma grana na sua loja. Os sintomas da mania começaram quando eu morava no Jardim Botânico, numa rua no alto, de onde só se saía ou chegava de carro. Já descia do meu apartamento direto na garagem, era carro-dependente. Não conseguia imaginar uma vida sem carro.

Daí descia para ir à única locadora que havia por perto, um trabalho enorme para a minha preguiça, e pegava logo pelos menos uns três ou quatro filmes — nesse caso tinha desconto e podia ficar mais um dia com os filmes. É claro que muitas vezes esquecia; a tal preguiça batia e eu passava o prazo de devolução.

Até que um amigo resolveu abrir uma locadora na sua própria casa: cada cliente recebia um catálogo tipo fichário, para, mais ou menos a cada mês, receber novas folhas com novos filmes, e o catálogo ficava atualizado. Agora, o principal: eles entregavam e resgatavam os filmes na sua casa! Tudo pelo telefone. Que maravilha!

No começo, pedi filmes variados que via no catálogo. Com o passar do tempo, comecei a pedir o mesmo filme sempre. Ficava com ele vários dias, devolvia, e quando fazia um novo pedido, esse mesmo filme estava sempre incluído. Não há por que esconder: era "O Silêncio dos Inocentes", do Jonathan Demme. Algo no filme me chamou muita atenção, na época. Era um prazer enorme assisti-lo. Depois escolhia as melhores partes, apenas, mas sempre revia e revia.

Deu-se que me mudei temporariamente para Minas Gerais. Lá tudo era novidade, mudei radicalmente meu modo de vida: ginástica todo dia, estudo, trabalho, saídas constantes com novos amigos, de tal forma que só eventualmente pegava algum filme nas pequenas locadoras de lá.

Quando voltei para o Rio, um dia encontrei o tal amigo dono da tal locadora residencial. Ele me disse que a tinha fechado, coincidentemente, logo depois que eu viajei; se desfez das fitas e escolheu algumas para dar para os amigos mais assíduos. Disse que me procurou, procurou, até ficar sabendo que eu não estava no Rio e deu para outra pessoa "O Silêncio dos Inocentes". Lamentamos juntos. Então ele me perguntou se eu tinha ideia de quantas vezes tinha alugado o filme, quer dizer, quantas diárias tinha pago por ele. O que não quer dizer que assisti todas as vezes que estava com ele em casa... não fazia a menor ideia. "Cinquenta vezes", disse ele, e por isso tinha pensado em doá-lo para mim como brinde.

Puxa, fiquei meio chocada, mas não falei nada.

Passou-se o tempo, vim morar em Copacabana, vendi o carro, tudo a pé, uma sensação de liberdade como quem sai pelo mundo sem destino e apenas com uma mochila nas costas.

Tem uma locadora bem perto da minha casa. E também começaram a aparecer, agora, DVDs para comprar! UAU! Possuir os filmes de que gosto sem ter que pagar aluguel!

O primeiro foi "O paciente inglês" do Anthony Minghella, pelo qual me apaixonei quando alugado e depois que comprei via o tempo e as cenas que quisesse... porque era MEU. Passei uns bons dois anos vendo o filme quase todos os dias. Depois recebi uma dica da minha irmã que mora em Brasília, sobre o "Orgulho e Preconceito", dirigido por Joe Wright baseado num livro da Jane Austen. Pronto. Deflagrou-se a fase de filmes e minisséries da BBC, baseados nos livros da grande escritora inglesa. Não apreciei todos os filmes, mas acho que só tem uma história de que não gosto.

Bem, pesquisei os filmes, os atores, a Jane Austen, a vida na

Inglaterra naquela época, a moda — tanto no vestir quanto no se comportar, quanto nos princípios que regiam aqueles personagens —, enfim, já estou assistindo sem disciplina, quer dizer, escolhendo o filme a ser visto como num jogo de dados ou escravos de Jó rápido e mental, quase todos os dias, pelo um pouco antes de dormir. Bem, ainda estou no começo da minha pesquisa sobre os assuntos citados, nem mencionei vários outros itens para não cansar quem me lê. Ainda falta muita coisa, graças a Deus, para eu fazer uma pausa nestes, e/ou aparecer uma outra viagem interessante através de outros certos filmes.

Este tem sido o meu meio mais usual de viajar. Não que eu não aprecie os outros, mas, a cada um seu jeito.

Bom fim de semana!

Tudo bem?

02/02/2013

Quando alguém me faz esta pergunta, assim, genericamente, sem se referir a algum acontecimento importante e mais ou menos público na minha vida — casou, mudou, doença, trabalho novo, apareceu na televisão, e outros tais —, a resposta automática é: "Tudo bem, e com você?" Geralmente vem mais um "tudo bem, também" de volta. Se estou num lugar com várias pessoas, tipo uma festa ou outro evento público, a impressão que tenho é que assim, nos meus arredores, pelo menos, está tudo bem.

Claro que sei de todas as barbaridades e terrores que estão nos jornais todos os dias, mas é tudo longe, coisas que aconteceram com uns desafortunados, por razões altamente misteriosas. Quanto mais longe esses acontecimentos, menos tempo doo do meu pensamento para tentar entendê-los. Tudo bem, então.

Entretanto, nas frestas dos dias em que estou sozinha comigo mesma, entre salas num escritório, indo ao banheiro, tomando banho, comendo, ou seja, quando não estou num relacionamento, mesmo que fugaz ou virtual com alguém, começo a sentir um desconforto indefinido. Um medo sub-reptício passa pra lá, como uma enguia no mar; um arrependimento cruza o céu do meu pensamento, uma tristeza ameaça se aproximar, ainda lá longe no mar, anunciando uma chuva fina que molha empapando. Reajo: "Peraí!" Como se combate mesmo isso, segundo os livros de autoajuda e congêneres, ou direto da fonte, dos filósofos, ciência ou religiões, quais os meios de enfrentar o maligno?

Ah! Pensando nas coisas boas que tenho, nas minhas vitórias, em quem me ama e em quem eu amo e nos etcéteras de cada um. Quando nada, em estar vivo! Bem. Ufa. E vou em frente que atrás vem gente, e se eu reclamar alguém vai sugerir que eu encare um tanque de roupa suja.

Quanto estou em ação, todas essas assombrações vão para um segundo plano, mas quanto mais repetitivas minhas ações, mais as tais se aproximam. E, na maior parte do tempo, vivemos o nosso cotidiano em que um dia não é muito diferente do outro. Para haver a realização de alguma coisa, é necessário continuidade, e isso força várias repetições. Acontece até mesmo com os artistas, de qualquer vertente da arte, que nos passam a impressão de que estão a se divertir enquanto fazem o que deveria ser trabalho.

Longe de mim afirmar que todos passam por esses mudos hiatos de insatisfação. Não posso conhecer o íntimo de ninguém, mas me parece que há pessoas que estão suficientemente satisfeitas o tempo todo. Ou quase. Essas não precisam de gurus, rezas, exercícios de pensamento positivo, meditação, nada para estar assim, tão descaradamente contentes! São assim, sorte deles. Sorte? Não creio nisso. Eles praticam, todos os dias, alguma coisa que os outros normais parecem desconhecer, e desconfio que o segredo está no tipo de relacionamento que mantemos com os outros, com as circunstâncias, e, principalmente conosco mesmos, já que somos nós que damos a interpretação — quer dizer, contamos para nós mesmos o que está acontecendo, julgamos e optamos por alguma ação, reação ou não ação.

Há todo um universo de interpretações. Literalmente. Quem pisou no meu pé e pediu desculpas pode estar de marcação comigo, ou é um tarado que gosta de ver a dor alheia, calculou mal, e aí o veredicto vai desde "esse FDP forçou a passagem e pisou no meu pé de propósito para abrir caminho", até o "foi sem querer, estava distraído, não tem importância".

E essa interpretação, companheiros, vem historicamente marcada nas nossas células desde o tempo das calendas gregas, mais todos os nossos antepassados e as reformas que foram nos moldando a partir dos nossos contatos com o mundo externo.

Pois, dá para mudar, se não gostei? Claro que dá. Copiando, naturalmente. Imitando o que parece que dá certo para os outros. Sem roubar nem trapacear. Tateando mesmo, até acertar. Geralmente, o que dá certo é o óbvio. Elementar, meu caro Sherlock!

A BESTA-FERA

30/03/2013

Moro com três gatos. Duas fêmeas e um macho. As fêmeas são mais ariscas, o macho é mais folgado. Uma das fêmeas é do que se chama, nas lojas de pets, raça "siamês brasileiro"; é a mais velha e a menor. Os outros dois são gatos de rua — de onde eu peguei o Joca —, ou descendente de gatos de rua (Sabrina). Sabrina me foi doada por um veterinário que tinha me prometido dois gatinhos, esqueceu, eu cobrei, daí um dia me ligou: "Tenho aqui uns flagelados". Foi assim que eu trouxe para casa a gata Sabrina (linda) e sua irmã Nikita (feiosa).

Elas eram tão pequenas — acho que tinham pouco mais de um mês — que quando iam comer, num pratinho bem pequeno, acabavam por mergulhar nele e saíam deixando pegadas de ração úmida por todo lugar onde andavam, porque ainda não podiam comer ração seca.

Foram crescendo, e eu um dia não resisti ao charme do Joca, um tigrado lindo que foi abandonado na praça, e o trouxe para casa. Assim, fiquei com quatro gatos. Minha casa não comporta esse número de felinos, então comecei a falar em doar uma das duas irmãs, até que um dia a faxineira falou que queria ficar com uma delas e escolheu a Sabrina, claro, era linda. Porém, na hora H de levar a gata, a faxineira disse que levaria Nikita.

"Por quê?", perguntei. Resposta: porque a Sabrina não gosta de mim e a Nikita é supercarinhosa. E levou a feiosa, pela qual ela e seu marido se apaixonaram profundamente.

Assim ficaram três gatos, que se tornaram adultos. Na medida em que cresciam, definiam-se suas características de personalidade (sim, gatos têm personalidades variadas). O Joca ficou grande e folgado — até hoje detesta ser mudado de lugar, rosna baixinho e larga o peso, para ver se você aguenta. E Sabrina acabou se tornando a gata-plus: a mais ágil, mais forte, praticamente do tamanho do Joca, e a mais arisca...

Num dia em que a vi saltar, escrevi: "Que salto magnífico, minha gata Sabrina! Você é mesmo da raça feroz dos vira-latas brasileiros".

Cresceram mais, até que não consegui mais cortar-lhes as unhas, porque já lutavam contra a situação de serem imobilizados por uma amiga com uma toalha, enquanto eu as cortava. Aí começou o perrengue de ter que pegá-los, colocá-los nas caixas de transporte de animais e esperar que o profissional viesse pegá-los, já presos, para levá-los para a pet-shop para banho e corte de unhas. Logo me dei conta de que não podia esperar o funcionário para pegá-los, depois de um luta espetacular da Sabrina com um casal deles. Ficaram riscas de sangue nas paredes da cozinha e eles com finos e longos arranhões sangrando nos braços. Pedi para pararem e voltarem outro dia, mas eles, já feridos, queriam pegá-la, já por uma questão de honra. Ufa, consegui convencê-los, mas agora tinha que lidar com esse problema: eu mesma teria que prendê-los nas caixinhas primeiro e só depois chamar o transporte para a pet-shop.

Era um estresse danado o dia que eu tinha que fazer isso, porque mal pegava as caixinhas e colocava em algum chão, eles já percebiam e se escondiam. Podem crer que gatos se escondem muito bem. Para resumir, depois de muita luta lembrei que o lugar certo para pegar gatos é no cangote, no lugar onde as mães gatas pegam seus filhotes. Comprei uma luva de marceneiro para usar na mão esquerda e pegar o cangote bem apertado com a direita.

Foi dando resultado. Até que um dia, quando fui pegar a Sabrina, ela já tinha dado um jeito de proteger o cangote com uma nova torção de corpo e uma das patas cheia de unhas gigantes! Caramba! Essa gata é muito esperta! Mas não pode ganhar essa disputa de supremacia de jeito nenhum. Então, espremi a cabeça dela no chão com a mão enluvada, impenetrável, e aí pude apertar seu cangote com toda a força e arrastá-la para fora do beco doméstico que ela escolheu, muito bem, aliás, para se proteger do banho e corte de unhas.

Já com a gata sob controle, falei: "Gata burra! Se você me dominar eu terei que doá-la, e você vai perder as regalias desta casa: amor, carinho todo dia, comida e lugar limpo para cocô e xixi."

Por alguma razão, tenho muito ouvido falar de dominar os demônios interiores, nossos próprios sentimentos baixos e mesquinhos, que recebem vários apelidos: ego inflado, ideias e sentimentos recalcados, a Doença — segundo o excelente cabalista Ian Mercler, simbolizados pelo Faraó na época de Moisés no cativeiro, a fera que em nós habita. Li que um índio sábio tinha dois cachorros. Um era bom e o outro mau. Perguntado sobre qual dos dois predominava, ele respondia sabiamente: o que eu alimento.

A fera em nós. A fera fora de nós. Mas entendi também que não são duas feras. É uma só: a alma ferida, quando, aos poucos, vai percebendo que não é o centro do mundo nem o rei-bebê que precisa ter seus desejos atendidos IMEDIATAMENTE! Como isso é impossível, essa fera interior nos atormenta com o propósito de tomar o nosso lugar, o lugar da nossa consciência e o comando do nosso corpo. Ela não precisa ser castigada ou presa — em qualquer brecha nossa de autoindulgência ela saltaria para fora, irada, e se expressaria com violência através de nós e eventualmente CONTRA nós. Ela precisa ser ADESTRADA COM AMOR, como todo ser vivo na sua infância e outros inícios. E, assim, se tornar nossa melhor amiga e nossa protetora, em caso de perigo real.

É muito bom que eu tenha a Sabrina para treinar, porque esse é um relacionamento — eu e eu fera — para vida inteira, e precisa ser mantido em bom acordo, para o sossego e paz de espírito de todos.

SORTE

06/04/2013

Vi um filme algumas vezes, porque gostei, e o que achei mais interessante foram algumas partes da trama que me fizeram pensar. O filme se chama "Crupiê", resumindo o título em português. É a história de um homem que quer ser escritor, mas não sabe sobre o que escrever. Como estava desempregado, volta a ser crupiê num cassino em Londres, a contragosto. No primeiro dia de trabalho, ele diz a si mesmo: "Bem-vindo à casa do vício".

Distribui cartas e fichas, e coloca o dinheiro dos apostadores numa fenda própria para isso na mesa. Começa então a refletir, como que olhando de fora, tudo o que está acontecendo ali, o ponto de vista dele sendo completamente externo: "O mundo girava ao seu redor milagrosamente, sem tocá-lo. Agora ele se tornara o centro imóvel da má sorte. Ele já não ouvia o som da bola. O crupiê havia atingido o seu objetivo."

Má sorte. É sabido que todos os jogadores — que jogam a dinheiro — acabam perdendo, e, muitas vezes, muito dinheiro. Entretanto, continuam voltando, até não poderem mais pagar as dívidas que fizeram para poder continuar a jogar, esperando aquela sorte que irá tirá-los da miséria e torná-los ricos, vencedores. Muitos deles já ganharam muito alguma ou algumas vezes, mas não pararam até perder tudo de novo.

De outra vez fiquei sabendo de uma conhecida minha que já estava frequentando sistematicamente grandes casas de bingo, e isso preocupava os amigos. Que lhe falaram e ela ouviu, pois era uma pessoa já treinada para ouvir, principalmente se fosse a última coisa que queria escutar.

Todos perguntavam: "Por que você continua indo lá se sabe que no final sempre vai sair perdendo?" Ela pensou, pensou e um dia respondeu. Nas vezes em que ganhou, que foi sua a primeira cartela a fechar todos os números, ela se levantou e gritou BINGO! E então as duas mil pessoas que estava na sala voltaram seus olhares para ela, a ESCOLHIDA pela sorte, a única vencedora entre duas mil pessoas! E todas aquelas pessoas desejavam estar no lugar dela! Porém, a SORTE a havia escolhido, por nada, apenas por ser o que ela é, mesmo que não tivesse manifestado o esplendor da sua pessoa e seus talentos na vida prática, fosse na vida profissional, amorosa, na família ou em qualquer outra área que lhe fosse importante.

Essa "Síndrome do Escolhido" aparece em várias ocasiões da vida comum, e vem a reviver repetidamente o desejo de ser o escolhido, o predileto da Mamãe, mesmo que outra pessoa tenha ocupado esse papel na sua infância. É o desejo do amor incondicional que vem do outro, de fora.

Em outra ocasião, também um cara que se dizia mágico se apresentou num grande teatro aqui no Rio de Janeiro. Antes de começar, para aquecer os ânimos, ele pediu à plateia que fechasse os olhos e pensasse na cor verde. Passado o tempo, as pessoas abriram os olhos, e ele então vaticinou: "Obrigado, obrigado! Mas alguém aqui na frente pensou em vermelho! Sinto que alguém pensou em vermelho!" E perguntou: "Quem pensou em vermelho, por favor levante o dedo."

Quem me contou isso foi o que se levantou, impressionadíssimo com o poder do mágico, e confessou: "Eu pensei em vermelho!" E foi o centro das atenções, inclusive do mágico, por talvez alguns minutos. Talvez sejam estes os 15 minutos de fama de que falava o Andy Warhol.

Aí, ou a pessoa cai no vício ou cai em si, e vê como é que a banda toca aqui na Terra. Começa a repetir *ad infinitum* algo que lhe deu a sensação de êxtase, de ser amado por si só, pela maravilhice do seu ser, ou vai à luta atrás das maravilhices que lhe são possíveis.

O resultado de ir à luta e perseverar junto com todo mundo não lhe concede apenas 15 minutos de glória.

A QUARTA DIMENSÃO

13/04/2013

Certa vez, quando me encontrava adoentada da alma, fui aconselhada por uma amiga a procurar um velhinho que havia atingido o grau máximo de aprendizado numa dessas irmandades ocultas bem conhecidas. Segundo ela, como ele agora se encontrava em idade avançada, passava os dias no seu apartamento e recebia as pessoas que o procurassem em busca de um consolo para suas tristezas.

Fui lá. O homem fazia umas práticas com pedras e tal, mas o principal eram os exercícios respiratórios que ele prescrevia para fazer todos os dias, de preferência pela manhã. Ao conhecê-lo, o considerei uma das duas pessoas aparentemente mais equilibradas que já havia encontrado. Era muito calmo, simpático e delicadamente afetuoso.

As respirações consistiam em inspirar num certo número de tempos, reter a respiração noutro número e expirar em ainda outro.

Primeiro, ele prescreveu apenas duas, muito fáceis, tipo 1-2-3, 2-4-6, por exemplo. Moleza. Com o tempo, porém, ele foi dobrando esses números e acrescentando novas combinações deles. Ok. Comecei contando mentalmente, como se estivesse falando.

A cada encontro, ele ia dobrando os números e as combinações. Até que não dava tempo de contar mentalmente como se estivesse falando: uma palavra pronunciada consome muito tempo. Pensei, pensei e passei a visualizar os números, que surgiam e desapareciam para entrar outro número no meu campo visual mental com maior velocidade. Desta forma, fui aumentando a velocidade em que eles apareciam, até que os números ficaram tão grandes que mesmo assim não dava para alcançá-los.

Nessa altura, perguntei ao meu amigo: não estou conseguindo contar números tão grandes. O que faço? Não adiantava aumentar os tempos de inspiração, retenção e expiração, porque meu corpo tem um limite! E ele me respondeu: conte.

Comecei a tentar, mas nada dava certo. Eram números enormes, na casa dos milhares, já.

Então surgiu na minha mente uma ideia que tratei de experimentar: eu apenas confiava que, em alguma região da minha mente, eu contava aqueles exatos números com toda certeza. Eu não disse *acreditar*, disse *confiar*. *Acreditar* é com a mente, *confiar* é com o coração.

E assim fui fazendo durante um bom período, até que o velhinho adoeceu e morreu. Perdi o estímulo.

O que sobrou foi a experiência de confiar, que muito me faltava. Refletindo sobre esses fatos agora, pensei que *confiar* pertence a uma dimensão para além do que pode ser captado pelos nossos cinco sentidos, é onde há uma correlação entre a mente e o que costumamos chamar de "coração", que é algo central e vital em nós, um salto quântico[4] na nossa sensibilidade. Talvez seja daí que surjam sentimentos misteriosos para quem só confia na mente, no intelecto — tais como a fé, o amor e a paz de espírito. Por que misteriosos? Porque justamente ainda não são suficientemente mensuráveis pela nossa sofisticada tecnologia. Agora esboçamos, através da ciência mais avançada, um tatibitate sobre o que está para além das três dimensões que conhecemos. Ou pensamos conhecer. Seria um caminho para a quarta dimensão?

Para quem se interessar. Aqui vai parte de uma matéria publicada na revista *Superinteressante* em janeiro/ 1988:

> As três primeiras dimensões — comprimento, largura e altura — representam o espaço. A quarta representa o TEMPO.

---

4 HOUAISS, A. "(...) que diz respeito a um sistema físico cujas grandezas físicas observáveis assumem valores discretos, de tal modo que a passagem de um determinado valor para outro ocorre de maneira descontínua, segundo as leis da mecânica quântica"..

Se estabelecermos um sistema de referência com três eixos perpendiculares entre si, qualquer ponto do espaço pode ser definido por três números, que representam as coordenadas do ponto em relação aos eixos. Tudo o que acontece, porém, acontece no tempo. Portanto, para descrever um acontecimento, é preciso mais um número, que represente uma medida de tempo, isto é, uma coordenada temporal. A novidade anunciada no início do século por Einstein, é que espaço e tempo, ao contrário do que se pensava, são grandezas intimamente relacionadas. Para escrever as equações de sua Teoria da Relatividade, ele utilizou então sistemas de referência de quatro dimensões (de impossível representação gráfica) e passou a tratar o espaço e o tempo como uma entidade única, o espaço-tempo.

Bom fim de semana pra vocês e boa viagem!

A ETERNIDADE

27/04/2013

Sinto, em mim mesma, um sentimento de eternidade. Como se sempre eu tivesse existido, e continuarei a existir eternamente. Só percebo este sentimento quando estou bem. E só estou bem quando não estou presa pelo desejo de que tudo seja e aconteça como eu quero. Este desejo cancela imediatamente minhas conexões com o mundo externo, pois nada me interessa, a não ser o que seja a minha vontade ou as minhas vontades.

Nesse caso, as coisas têm que se desenrolar como eu determinei no meu pensamento, as pessoas devem se comportar como acho que devem e assim por diante. Viro uma déspota radical. Crio um sem fim de justificativas e explicações para obedecer ao meu autoritarismo mental.

É claro que começo a ficar ansiosa pela hora em vai acontecer o que desejo, mas só vem frustração em cima de frustração, porque o mundo e as pessoas não me obedecem. Sou assolada por toda sorte de pensamentos terríveis: medo, raiva, humilhação, rejeição, menos valia, incompetência, impotência. Quanto mais eu insisto, mais sofro; a dor chega a ser quase intolerável, às vezes. Tenho vontade de "... fugir/ Deste lugar/ Baby/ Vamos fugir / Tô cansado de esperar/ Que você me carregue..."[5]

Sumir, morrer? Não. Só infelicidade. Senti vontade de morrer uma vez, muito jovem. Mas de repente percebi que ficaria sem meu corpo para resolver os problemas que eu passava, e aí, nossa, ficaria

---

5 "Vamos Fugir", música de Gilberto Gil.

tudo muito mais difícil! Cruz credo! Dormir, sumir, sim. Mas me matar, não. Porém, passei a compreender melhor os suicidas.

Mais tarde, percebi que todo esse drama é ilusório, e tem somente uma fonte: o egoísmo oriundo lá da minha primeira infância. É só olhar para o lado e ver alguém — um outro. Que olha para nós, perplexo, até que o vejamos. Porque aí podemos ver tudo o mais. O mundo todo. Tanta coisa bonita, tanto movimento, tanto por conhecer... E, novamente, a felicidade. Para que ela, felicidade, não fuja, para me manter na eternidade dela, é só fazer a contabilidade das minhas ações que consideraram também a coletividade, o outro, o esquema em que vivo. Os lucros.

E para não dizer que tirei a eternidade da minha cartola, fui ver o Freud. Sabia que ele tinha pensado e escrito sobre a eternidade em algum lugar. Achei no primeiro capítulo de O mal-estar na civilização, onde ele se refere a um amigo que considerava muito e para quem tinha enviado seu livro O futuro de uma ilusão. O amigo lhe escreveu dizendo que concordava inteiramente com ele, mas lamentou que ele (Freud) não tivesse apreciado corretamente a verdadeira fonte da religiosidade. Continuou dizendo que esta (religiosidade) consiste num sentimento peculiar, que ele jamais deixou de ter presente em si, que encontra confirmado por muitos outros e que pode imaginar atuante em milhões de pessoas. Trata-se de um sentimento que ele gostaria de designar como uma sensação de "eternidade", um sentimento de algo ilimitado, sem fronteiras — "oceânico", por assim dizer. Esse sentimento, acrescentou, configura um fato puramente subjetivo[6] e não um artigo de fé; não traz consigo qualquer garantia da imortalidade pessoal, mas constitui a fonte da energia religiosa de que se apoderam as diversas Igrejas e sistemas religiosos; é por eles veiculado para canais específicos e, indubitavelmente também por eles exaurido. Acredita ele que uma pessoa, embora rejeite toda crença e toda ilusão, pode corretamente chamar-se a si mesma de religiosa com fundamento apenas nesse sentimento oceânico. Então, sem dú-

---

6 Subjetivo: pertinente a ou característico de um indivíduo; individual, pessoal, particular (Houaiss).

vida, sou uma pessoa religiosa.

A eternidade é nossa, se a aceitarmos, assim como a felicidade, que é a sua substância. E desconfio fortemente de que a eternidade seja a quinta dimensão.

Que sorte a nossa, não?

Questão de foro íntimo.

CONEXÕES

11/05/2013

Assisto constantemente aos filmes e minisséries da BBC baseados na obra da escritora Jane Austen. Primeiro, porque me dão um prazer enorme, além de me acalmar o espírito antes de dormir. Depois, porque encontro nessas histórias muito o que aprender sobre como levar a vida no dia a dia, o que a mim interessa muito, porque é onde passo a maior parte do meu tempo.

Tenho observado essas histórias de vários ângulos, todos muito ricos. O ângulo mais recente é um personagem que não falta em nenhuma história, e tenho desconfiado de que é o personagem principal de todas: em inglês, *"connections"*, que pode ser traduzido em português, naquele contexto, por relações, conhecimentos, amizades, família. Ou seja, uma pessoa não é aferida sozinha, mas sempre dentro do seu contexto social — como é a sua família, seus amigos e conhecidos. A situação social de alguém não é comentada abertamente, mas sempre que se vai considerar um casamento, por exemplo, ou alguma associação importante de qualquer espécie, este item entra logo em consideração.

Naquele tempo, o casamento era um compromisso até a morte, e portanto a escolha de um parceiro era de importância fundamental. Talvez a escolha mais importante da vida de alguém. As outras conexões aceitavam adaptações, de acordo com a mudança das circunstâncias, por exemplo: um cara era rico e de repente falia e não podia mais cumprir seus compromissos financeiros; dava-se então um jeito que causasse menos prejuízos às partes envolvidas. Mas no casamento era diferente, tanto que se associava a um bom casamento o encontro da própria felicidade pessoal.[7]

Muito tempo se passou desde o século XVIII, mas eu me lembro da minha avó e da minha bisavó aconselhando: "Quando começares a namorar alguém, vê também a sua família".

Eu achava uma coisa sem sentido, porque, afinal, gostava de alguém pelo que esta pessoa era, não pela sua família ou seus antepassados. Não sabia que além dos genes, que passam de uma geração a outra, há algo que se transmite de modo mais forte do que isso: os hábitos. Esta semana, por exemplo, passei por uma banca de jornais e vi, de relance, uma capa de revista que mostrava um pai gordo e um filho obeso, comendo guloseimas. A manchete era mais ou menos assim: "Pai gordo, filho obeso, neto obeso. E não é genético".

Durante muito tempo se atribuiu a repetição de defeitos nos filhos à genética. Para alguns deve ser a razão, sim, mas parece que os hábitos e a convivência transmitem muito mais...

Dizem também que o melhor conselho é o exemplo. Ou seja: há a chance de mudar silenciosamente os próprios hábitos perniciosos e produzir um encontro realmente novo, vivo, atual. Consigo mesmo e com o outro. Parece interessante. Dá muito trabalho, mas desconfio fortemente de que pode dar certo.

---

7 É claro que não estou me referindo à classe pobre. Esta, em qualquer sociedade, tem sempre mais liberdade de mudar e fazer novos arranjos porque não pode pagar o preço da via da legalidade.

FORTALEZA

18/05/2013

Assisto a certos filmes que chamam a minha atenção sem que eu compreenda logo o motivo. Às vezes custo a dizer "Gostei!", e então preciso ver o filme novamente em busca do que nele me instigou o interesse. Geralmente, na segunda vez que assisto, já tenho uma pista ou já encontro o motivo: de um modo geral é um aprendizado.

O último caso aconteceu com o filme "Jane Eyre",[8] produzido em 2010 e dirigido por Cary Joji Fukunaga, um jovem cineasta americano.

A história é muito conhecida e bem dramática, sobre uma órfã que desde a infância é entregue aos cuidados de uma tia má e sofre o pão que o diabo amassou até, finalmente, se unir ao seu grande amor. Uma história simplória, que parece ingênua. Porém, já aprendi há muito tempo que o que faz a diferença nas histórias que são contadas é como elas são contadas ou mostradas — como no caso, aqui, num filme.

Pesquisando no Mr. Google, descobri que para o papel principal o diretor conseguiu uma atriz que é exatamente nem bonita nem

---

8 Para quem não conhece, Jane Eyre (1847) é uma obra da escritora inglesa Charlotte Brontë, irmã de Emily Brontë, autora do livro *Wuthering Heights [O morro dos ventos uivantes]*. "Charlotte Brontë é uma das grandes opositoras da obra de Jane Austen, por considerar que as personagens austeanas se conformavam com o papel da mulher submissa dos primeiros anos do século 19. Nesse ponto, as personagens elaboradas por Charlotte são diametralmente opostas às criadas por Jane Austen". (Extraído do site da Editora Landmark.)

feia: sua figura se situa precisamente no meio destes adjetivos. Li também que ela fez o papel da Alice, no País das Maravilhas de Tim Burton, que eu não vi.

Mas voltando ao que atraiu o meu interesse: durante toda a história, a heroína Jane Eyre é injustamente maltratada. Na casa da tia má, apanha do primo mais velho. Enviada para um orfanato, daqueles arquipuritanos, sofre terríveis castigos físicos e humilhações verbais dos educadores, que se preocupam mais em corrigir de antemão o caráter dos órfãos, visto como malicioso. Saindo do orfanato, é empregada como governanta de uma menina rica.

Agora, o motivo do meu interesse: ela reage como pode em todas as circunstâncias, seja enchendo o primo de pancada na infância e pagando caro por isso depois, ou protegendo a si mesma e a uma pequena amiga no orfanato, e pagando caro por isso também.

Como governanta, seu patrão se apaixona por ela, que retribui em silêncio e oculta o fato de todos, até de si mesma.

Apesar da sua extrema solidão e vulnerabilidade social, ela não tem medo! Não por uma rebeldia irracional, mas sim por uma virtude que desenvolveu no embate com os impactos da vida — a fortaleza.

Mas não foi apenas nessas reações aos abusos sofridos que a virtude apareceu. Mais tarde, seu patrão declara o amor por ela, que corresponde declarando o dela, porém, são logo separados por outras circunstâncias trágicas.

Nesse caso, ela também não teve medo de mostrar seus sentimentos para uma pessoa situada socialmente no Olimpo com relação a ela, o que na época era visto como um comportamento muito impróprio. Ela é fiel a si mesma e continua a pagar o preço por suas ações.

Ainda numa outra ocasião, em situação ainda mais vulnerável, ela recusa se casar com um pároco que lhe oferecia proteção, mas que ela "não amava como marido".

Chamei de virtude porque, ao terminar de assistir ao filme, a frase que surgiu no meu pensamento foi: "*Que força, a dela!*". Daí fui pesquisar também sobre esta força e encontrei o que senti incluído nas virtudes chamadas cardeais ou cardinais — conhecida como *fortaleza*. Mas aí já é outro assunto, muitíssimo interessante também.

Essa força interior, na minha interpretação, é ter coragem para ser fiel a si mesmo, seja qual for o preço a pagar. E por que isso é tão importante pra mim? Porque nas minhas buscas por compreensão e alívio para minhas dores da alma, através do misticismo, esoterismo, Yoga e outros, eu acabava chegando a um ponto em que tentava virar santa, sempre receptiva e compreensiva, até que, de repente, explodia numa rebeldia que me fazia chutar o balde de todos os esforços que tinha feito até então, praticar alguma grande travessura, para depois sofrer a dor de uma crise de culpa e arrependimento.

Saber que a coragem de tomar a atitude que me parecer correta — mesmo que seja bruta ou cause hostilidade — vai colaborar com a minha segurança interior e paz de espírito, me deixou muito feliz. Confio que, se não estiver certa, a vida vai me corrigir com a sua mão pesada, mas só assim é possível qualquer aperfeiçoamento como gente.

DOR

Estou me recuperando de um tratamento médico-estético que consiste em diminuir a flacidez da pele com um aparelho que emite raios laser. No meu caso, do rosto e do pescoço. É, já passei dos 15 anos. É a terceira vez que faço.

Na primeira vez, que foi em outubro de 2010, eu nada sabia sobre o procedimento, além das palavras do meu médico e da sua experiência. Confiante, fui para o que mais tarde se revelou ser um cadafalso médico.

A aplicação doeu para caramba, e mais ainda por ter sido completamente inesperada. Foi daquelas dores que eu, atônita e sem saber se aguentaria, pedi para ele fazer uma pausa para respirar, e até pensar um pouco. Não estava acreditando na dor que sentia. Ele me perguntou se eu preferia fazer a "segunda área" — o pescoço — num outro dia. Pensei bem e concluí que não queria passar por aquilo uma segunda vez. Disse: "Segue!"

Assim, cheguei heroicamente ao final da aplicação. Ufa! Ele me trouxe um espelho, achei meu aspecto razoável e já ia ficar aliviada, quando ele avisou: "Vai inchar, viu? Ainda vai inchar".

Bem, inchou, fiquei uma monstra, paralisada nas minhas atividades porque não conseguia pensar em mais nada a não ser: *Quando é que esta dor vai passar???*

Daí em diante, foi uma epopeia. Inchou mais, e a dor aumentou tanto que ele até veio à minha casa para ver o que estava acontecendo, e me prescreveu um analgésico mais forte. Tornou a dor tolerável. Eu esbravejava todos os dias, dizia que nunca mais faria aquilo novamente. Nunca mais! Era uma loucura tanto sofrimento físico para melhorar a aparência!

Pelo menos, percebi uma vantagem: não havia angústia que resistisse a tamanha dor física. Sumiram todas as angústias, preocupações e que tais diante daquele poder, que reduziu meus pensamentos a um único refrão: *Quando é que isso vai passar?* Dormia e acordava com o pensamento fixo nesta pergunta.

Bem, é claro que depois de alguns dias a dor se foi e as angústias foram voltando de fininho.

Este episódio se deu há três anos. No ano passado quis repetir o tratamento. Mas, dessa vez, sob meu controle. Pedi que usasse uma potência mínima para fazer algum efeito. E dessa vez não aconteceu nada de mais extraordinário, mas o resultado também ficou muito aquém do pretendido.

Agora, eis-me aqui, pela terceira vez, passando por dor física, três anos depois de jurar que nunca mais me submeteria a essa pequena tortura por minha própria vontade. Tortura. Lembrei que li há pouco tempo no jornal algo sobre os depoimentos de duas mulheres que foram ditas guerrilheiras no tempo da ditadura, e torturadas barbaramente. Física e moralmente. Lancinantes dores físicas, as mais profundas humilhações e outras tenebrosas dores da alma pairando sempre sobre cada prisioneiro, à mercê de carrascos entregues às suas taras, ao risco da destruição da integridade física (morte) ou psíquica (loucura). Não li os depoimentos porque nunca tive coragem para ler nenhum deles. O que eu soube sobre esse período funesto foram notícias que chegavam sem que eu procurasse por elas. Impossível não ficar sabendo de nada. Odeio ouvir falar de torturas que grassam por todo mundo e pela história afora, desde que o ser humano quis dominar todos os outros, assim como ser dono de todas as riquezas do planeta.

Não tenho muita simpatia por esta espécie, mas aceito que estamos num processo de aperfeiçoamento, assim como tudo que ainda não chegou ao seu ápice. Considero óbvio que a espécie humana possui muitas falhas no seu desempenho no Universo, logo, ou vai se aperfeiçoar ou se extinguir.

Escrever até melhorou a minha dor. Claro. Ela não é absolutamente nada se comparada à que outros seres humanos como eu foram obrigados a suportar e tentar sobreviver. Um amigo meu uma vez me disse: "Nós não temos medo de morrer. Nós temos medo é de dor física". Na hora, fez sentido para mim. Mas isso faz muito tempo. Considerando o crescimento dos sofrimentos da alma e da mente, já não sei mais. Só sei que agora estou muito mais tranquila com a minha dorzinha.

Bom fim de semana pra vocês!

Relacionamentos

22/06/2013

Para um relacionamento dar certo é preciso apenas *fazer* com que dê certo. Ponto. Parece estranho dizer isso, porque os relacionamentos são a maior fonte de todos os nossos problemas! É sempre por causa deles que carregamos certo mal-estar, uma sensação de incompletude que, por menor que seja, nos incomoda.

Ter bons relacionamentos no amor, na família, no trabalho ou qualquer outro lugar parece ser, para muita gente, a coisa mais difícil e misteriosa do mundo. Tem gente que ainda nem descobriu o relacionamento consigo mesmo, que, aliás, é a marca que vai se reproduzir em qualquer outro relacionamento. Pois é.

Começando do começo, e eu falo por mim. Passei anos apenas reagindo ao outro ou à reação do outro. Por exemplo, se o outro não me dava atenção que eu considerava suficiente após algumas tentativas de ter carinho ou atenção, eu simplesmente achava que era impossível me relacionar com tal pessoa, já que ela não mudava segundo o que eu esperava dela! Me afastava. Radical. É claro que com o passar dos anos fui selecionando as pessoas que me admiravam, gostavam de mim, simplesmente, ou tinham afinidade comigo em pontos importantes.

Assim, entre atritos ou enlaces, fui levando uma vida que me dava a impressão de aprisionamento, de falta de liberdade. Caminhava cada vez mais para o isolamento, numa luta feroz para me tornar autossuficiente.

Foi justamente quando perdi a minha garantia de autossuficiência material que tive que me virar para continuar a viver com vontade de viver. Tive que aceitar favores de quem me queria bem, com a autoestima caindo vertiginosa e perigosamente. Até que a minha vontade de viver, que chamo de meu "ministério de defesa pessoal" conseguiu furar o bloqueio da minha ignorância e fazer penetrar no meu pensamento a ideia de querer viver, e procurar, com todas as forças, saber como fazê-lo.

Tive que começar comigo mesma. Me obrigando a fazer o que não queria, mas cujo resultado seria produtivo para mim. Tais como: ter horários para comer, trabalhar, dormir etc. Enfim, tudo o que eu deixava para um depois que nunca chegava. Ficava exausta. Descansava um pouco todos os dias na minha concha. Com o tempo, fui ficando mais forte, até que comecei a ousar colocar o nariz para fora do meu esconderijo. E lá fora havia os outros! Sartre já havia dito, há muito tempo atrás, que o inferno são os outros. Realmente parece. Mas não é.

Os outros estão na deles, cada um a seu modo. E quem vai ter que se lidar com eles sou *eu*. Se lidei comigo mesma, que abrigo na minha natureza um animal xucro, radical, ditador, tirânico, e tendo conseguido alguns acordos e combinados, pensei: *com os outros não deve ser mais difícil*. Como fiz comigo, repeti fora: parar de reagir de bate-pronto. Parar. Observar a situação com o tempo que fosse necessário (que liberdade, hein?) e então agir de acordo com os meus princípios. Sim, desordem e lei convivem, na mesma pessoa, na mesma família, no mesmo país, no mesmo Universo!

Descobri que relacionar-se é uma coisa que se aprende e se aperfeiçoa. Já tinha ouvido na fala de um personagem da série da BBC "Orgulho e Preconceito" que "Felicidade num matrimônio é uma questão de sorte. Sempre haverá angústia e aflição. E é melhor conhecer com antecedência o mínimo de defeitos do seu futuro marido".

Então, na área dos relacionamentos, é preciso agir com consciência e não cegamente. Agora vemos no nosso país um ensaio de relacionamento de verdade entre governantes e os governados. Tomara que consigamos sair da primitiva reação-reação (nenhuma das partes age, apenas reage) cega, como tem sido até agora. É fácil, como já disse: é só fazer com que dê certo!

Bom fim de semana para todos nós!

Motivo passional

29/06/2013

Esta é a mola do mundo: emoção.

Segundo o Dicionário Houaiss, a primeira acepção da palavra emoção é: "ato de deslocar, movimentar".

Na Wikipédia:

> Emoção é uma experiência subjetiva, associada ao temperamento, personalidade e motivação. A palavra deriva do latim *emovere*, onde o e- (variante de ex-) significa "fora" *emovere* significa "movimento". O termo relacionado à motivação é assim derivado de *movere*. Não existe uma taxionomia ou teoria para as emoções que seja geral ou aceito de forma universal.

Então, parece que é só por este motivo — emoção — que a gente se mexe. Nada mais nos chama para a ação. Ou a vontade de viver ou a vontade de morrer.

Há doenças mentais nas quais parece não haver emoção, muitas vezes devido ao comportamento aparentemente *frio* de seus portadores. Não vou entrar nesse mérito: minhas questões se focalizam na vida cotidiana, onde passo a maior parte do meu tempo. Por isso não gosto de muita filosofia, nem de muita discussão ou argumentação. O que me interessa é o que fazer para viver mais feliz no meu cotidiano.

Sentimos vontade de viver quando nos sentimos amados e acolhidos, e vontade de morrer ou sumir quando nos sentimos desamados ou hostilizados. Assim, o pêndulo da alma se inclina no sentido da vida ou da morte, da construção ou da destruição. É claro que esses *sentimentos* são provocados pela interpretação que damos aos acontecimentos. E é aí que entra a nossa avaliação, fruto das conclusões que vamos tirando dos acontecimentos e ideias que encontramos no decorrer da nossa vida.

Então, somos apenas um produto da nossa herança genética, educação, tribo e temperamento? Claro. Mas, mesmo assim, podemos mudar nossas emoções. Podemos ser felizes quando o mundo está caindo ao nosso redor, basta estarmos atentos às nossas emoções e não nos acostumarmos a sofrer.

O desânimo. A falta de motivação para se levantar da cama. Para viver. Opa, opa, opa: este é o primeiro sinal de que estamos abrigando no coração sentimentos danosos, destruidores. Mas, principalmente, *mesquinhos*. Mas fulano me agrediu, me sabotou, me traiu! Me deixou na mão. Me deixou. Tenho todas as razões do mundo para estar desanimado. A raiva, que apareceu primeiro, pode já ter se cansado. O traidor continua lá, feliz da vida. E eu aqui, remoendo a dor da injustiça.

Doeu? Se liga, que é mais fácil do que se pensa achar o embusteiro-sabotador: está escondido lá na nossa mesquinharia, na nossa feiura. Coragem! O que parece ser um sentimento sofisticado, emaranhado, confuso, não passa de alguma emoção conhecida por todo mundo desde que o mundo é mundo. Podemos começar procurando nos chamados sete pecados capitais: Inveja, Soberba e Ira, então, entre os mais encontrados. Preguiça, Luxúria, Gula e Ganância vêm logo atrás.

Ao encontrar o meliante, deve-se enquadrá-lo imediatamente, nome, endereço, telefone, CPF, quer dizer, aceitar que portamos aquele sentimento hediondo. Aceitar, e aceitar mesmo. Sou falho! Mas como bani-lo do meu cangote, dos meus ouvidos, do meu peito? Não dá para enfrentar esse bicho de sete cabeças de frente: ele é escandalosamente mais forte. Apelar para o quê, então? Primeiro parar, para não ficar atordoado pela dor. De posse de si mesmo novamente, lembrar que se está vivo e mais tudo o que se puder lembrar das vitórias suadas e dos ganhos gratuitos que usufruímos e continuamos a usufruir. Vale tudo: ar para respirar, saúde, família, amigos, a natureza etc. Primeiro golpe pesado no monstro da ignorância. A seguir, começar a tomar ação na direção de como se deseja viver. Da sua aspiração mais íntima, a mais querida, mesmo que pareça impossível de realizar.

Assim, voltamos a respirar e mudamos a inclinação do pêndulo da alma no sentido da vida, da construção.

Aliás, é seguindo essas trilhas, buscando-se o motivo, que são construídas as histórias policiais e de suspense. Mas isso já fica para outra crônica.

Excelente fim de semana para todos nós!

Rezar

O sucesso da visita do Papa aqui no Rio de Janeiro, levando multidões às ruas debaixo de frio e chuva, emocionadíssimas, felizes naquele momento, especiais naquele momento, alma em festa naquele momento, me fez pensar novamente no transcendente, em outras dimensões que o nosso ser pode alcançar, mas que acontece só assim, de vez em quando, num acontecimento especial.

Certa vez me deparei numa rede social com uma publicação, cuja autoria ignoro, que de vez em quando repito para eu mesma me lembrar e me sentir melhor. É esta:

> O planeta não precisa de mais "pessoas de sucesso". O planeta precisa desesperadamente de mais pacificadores, curadores, restauradores, contadores de histórias e amantes de todo tipo. Precisa de pessoas que vivam bem nos seus lugares. Precisa de pessoas com coragem moral dispostas a aderir à luta para tornar o mundo habitável e humano, e essas qualidades têm pouco a ver com o sucesso tal como a nossa cultura o tem definido.

Parece que o planeta agora é governado pelo Dinheiro, os banqueiros e seus bancos. Eles tomaram o poder, já que o valor absoluto é o dinheiro e o poder é de quem o possui. Então, todo mundo corre para ter cada vez mais dinheiro e, portanto, mandar para não ser mandado, submisso a ondas de produtos variáveis que os governados são obrigados a comprar sem parar. Acho que todo mundo já entendeu isso, clara ou instintivamente. Nosso faro hoje nos dirige para onde está a possibilidade de aumentar os zeros à direita na nossa conta nesses bancos, desnecessários como se tornaram, e até O Inimigo do Mundo. E podermos nos sentir gente. E tome maremotos naturais ou no nosso bolso, que seguem movimentos tão aleatórios e tão surreais quanto inesperados nas nossas escolhas, e cavalos de pau nas mudanças de situação física, mental e emocional.

Recorrer a que, meu Deus, para ter um pouco de paz na Alma/ Psique/ emoções?

Nem vou entrar em maiores méritos, tais como criar doenças para produzir tratamentos e por aí vai qualquer bom senso ralo abaixo. Daí para pior.

E a nossa alminha treme, treme, no seu esconderijo (porque a aparência é de felicidade sem fim, nas incontáveis fotos de telefones celulares) sem conforto algum, às vezes num daqueles *resorts* mil estrelas para não relaxar.

Todo mundo exausto, na verdade, em pé à custa de um combinado de remédios de ação mental e psíquica (sim, há diferença), ou de medicamentos disfarçados, tais como álcool e drogas ilícitas.

Não interessa se o cidadão é cristão, ateu, agnóstico, judeu, esotérico, tântrico, taoista, macumbeiro, espírita ou lá o que seja. O fato é que o cara não crê. Porque crer em dinheiro é completamente instável, duvidoso e perigoso.

Mas o dinheiro tem um primeiro ministro sapientíssimo, que é a propaganda, a promoção, o atordoamento das pessoas através do atordoamento com que gritam e repetem o que devemos comprar para ter *status* social e felicidade.

Se pudéssemos fazer um raio-X (retrô, não é?) da qualidade de vida dos indivíduos, veríamos uma multidão de zumbis, mantendo artificialmente uma vida longa, cara e penosa para todos — doentes e parentes.

Daí vem o Papa, que representa, principalmente, um *tempo* em que pessoas criam, oravam com fé verdadeira. E não era num monte de papéis perecíveis, inflamáveis, rasgáveis, sumíveis, com ilustrações diferentes, dependendo do país que os fabricava.

E como puxar uma fé verdadeira? De onde? Ora pois, de dentro da nossa mente-psique, onde mais?

Como já contei em outra crônica, certa vez tive que fazer exercícios respiratórios em que, a certa altura, tinha que contar mentalmente números gigantes. Já tinha experimentado a contagem até visual, com os números mudando rapidíssimo. *Então surgiu na minha mente uma ideia que tratei de experimentar: eu apenas confiava que, em alguma região da minha mente, eu contava aqueles exatos números com toda certeza. Eu não disse acreditar, disse confiar. Acreditar é com a mente, confiar é com o coração.*

Essa confiança, sem ter provas que caibam na nossa ciência, é a mesma que usamos para rezar. Na hora do sufoco todo mundo sabe lançar a sua mente-psique num lugar que transcende a nossa lógica e crê que vai sobreviver, mesmo que isso pareça o próprio absurdo, como no caso de náufragos sem tábuas para segurar. Se não, paravam de lutar pela vida e afundavam no mar.

A oração — reza, meditação ou equivalentes — é a prática deste lançamento da mente-psique à transcendência, aos poucos. Se criarmos disso um hábito, nosso organismo se acostuma a trafegar por tal região misteriosa de si mesmo. Ou do Universo. Ou da existência. Afinal, na transcendência, o que é mesmo o nosso organismo, a nossa mente ou o Universo inteiro?

E só quem tiver o desejo e a disciplina de praticar esse lançamento constantemente vai saber contar seus efeitos no nosso bem-estar.

Bom fim de semana!

BELEZA

17/08/2013

Quando tive meu filho, já há muito tinha ouvido dizer que, mais ou menos até os sete anos de idade, as crianças têm fantasias muito vívidas. É nessa fase que alguns brincam e conversam com amigos invisíveis, veem coisas que não estão lá, seres de outro tempo ou de outros lugares, naves espaciais, em suma, imagens que se pode associar aos gibis, livros infantis e histórias que escutam. Tudo bem. Depois passa, garantem os mais experientes.

Pois então, por essa idade, um dia meu filho começou a me contar como tinha chegado aqui, neste mundo. Achei muito engraçado, porque ele disse que tinha passado por um lugar muito apertado mesmo, antes de chegar, e mais ou menos descreveu seu próprio parto.

Então eu perguntei (curiosidade...) onde ele estava antes. Com muita desenvoltura ele me contou que tinha passado pelo segundo mundo, primeiro mundo, quinto mundo, e ia descrevendo as características de tais lugares. Num deles tinha um fogo que não queimava, ninguém ficava doente nem morria, não sentia dor etc. e tal. Uma maravilha! Então perguntei: "Mas se você estava em mundos tão maravilhosos, por que veio parar aqui na Terra?" Aí ele deu um suspiro e disse enlevado: "Ah... porque aqui é o mais bonito de todos!"

Dei um sorriso e pensei nas belezas da Terra, desde as mais altas montanhas até plantinhas tão pequenas, que só de perto se vê o quanto são lindas. O misterioso mar... Não preciso descrever as belezas deste planeta. Todo mundo conhece, porque sempre tem alguma beleza perto; no mínimo, na memória.

Agora, me lembrando disso, veio à minha mente: *e as belezas etéreas, como as dos belos gestos, dum olhar amoroso, dos anjos e seres superiores da fé de várias pessoas?*

A beleza sempre vem através de alguma realização concreta, seja humana ou como consequência das leis da natureza. As belas praias precisam de temperatura e outras condições climáticas adequadas. As grandiosas geleiras também. Senão não congela, não faz aqueles belos desenhos que o gelo sabe fazer. A música tem que sair de algum instrumento. As areias do deserto brindam nossos olhos com a mudança que o vento faz nas suas paisagens. E quando não vemos, sentimos brisas, ouvimos trovões, os assovios.

Também não preciso descrever as delícias da beleza captada pelos nossos sentidos. Desculpem, mas hoje não vou falar das feiuras ou dos horrores, embora eles necessitem das mesmas condições que a beleza: a realização concreta. Só quando contamos, desenhamos, construímos, cuidamos, dirigimos os caminhos dos elementos é que alcançamos a beleza. Beleza no abstrato não conta como beleza, pode contar como boa ideia, bons sentimentos, empolgação, coragem, medo, alegria, amor. Boa intenção. Podemos lhe atribuir qualidades sublimes, que nos inspiram vários tipos de agradáveis sentimentos e pensamentos, mas não sensações diretas.

É preciso concretude para algo ser considerado belo. A beleza é resultado de um aperfeiçoamento incessante da forma, através de ação contínua. E quanto mais concreto, mais aprimorado, mais belo. E assim, viemos nos aprimorando desde os primeiros ajuntamentos de células, depois os protozoários das antigas eras de formação desse planeta, até os tigres, jacarandás, cidades, chalés, um mundo de aves, nós mesmo, toda a Terra. Até agora, não vislumbramos na vizinhança alcançável pelos nossos aparelhos nada parecido. Realmente, como é bonito o nosso planeta!

Esta obra foi composta em Minion 11/14.
Impressa com miolo em offset 75g e capa em
cartão 250g, por Createspace/ Amazon.

www.ingramcontent.com/pod-product-compliance
Lightning Source LLC
Chambersburg PA
CBHW072125170626
46813CB00004B/1693